EL CRIMEN DE LA FISCAL

JOHN
SPECIAL

El sonido del teléfono móvil en mi mesita de noche no dejaba de sonar. A duras penas pude abrir mis ojos, y al observarlo más detenidamente, vi que marcaba la octava llamada desde el mismo número. Sentía que la cabeza me iba a estallar en cualquier momento, y cuando contesté la llamada, se cortó, así que aproveché para ir al baño a lavarme la cara e intentar superar la horrible resaca de la noche anterior.

Calenté una taza de café para tomarla con dos analgésicos.

El teléfono volvió a sonar, y lo atendí antes de que volviera a cortarse.

—Buen día —dijo una voz gruesa al otro lado de la línea antes de que pudiera contestar.

—Buen día —respondí.

—¿Detective Alex Burg? —preguntó.

Cuando me llamaban así, significaba trabajo, y eso era lo que necesitaba, porque todas las llamadas de los últimos meses eran de los pocos acreedores que tenía.

—El mismo. ¿Quién habla?

—Usted no me conoce, ni yo a usted, soy el abogado del señor John Louis. El Abogado Thomas Rivas. Mi cliente me ha dicho que es amigo suyo.

—Sí, claro, me acuerdo de él, mi amigo John, aunque hace muchos años que no sé de él. ¿Le ha ocurrido algo?

—No puedo decirle nada por teléfono. ¿Podría ir junto a usted ahora para conversar?

Dudé un instante, quise decirle que sería mejor que viniera por la tarde, pero el señor Thomas parecía preocupado y con mucha prisa, así que accedí a su petición.

—Está bien, lo espero en una hora. ¿Conoce mi oficina? —pregunté.

—Tengo su dirección —respondió y me cortó sin despedirse.

Cuando se necesita trabajo, hay que aguantar el malhumor de las personas.

Me daría tiempo a tomarme el café caliente con los analgésicos y a ducharme para estar presentable ante el abogado Thomas.

Antes de convertirme en detective privado, fui agente de policía durante varios años, con un paupérrimo sueldo que solo alcanzaba para pagar la renta del pequeño departamento, alimentarme, y comprarme algo de ropa al mes. Para gastos extras, mejor olvidarlo. Así que me planteé si me gustaría seguir con esa triste vida o hacer algo diferente.

Me gustaba ser policía. El problema era el salario, y no tenía la paciencia necesaria para esperar cinco o más años, ser ascendido y luego volver a esperar treinta años más para recibir la jubilación y retirarme a una vida tranquila en mi vejez.

De vez en cuando daban un curso de detective privado sin costo en el departamento de policía. Me inscribí en uno de ellos sin pensarlo dos veces, y al final del curso me dieron un diploma, yo les di las gracias y renuncié.

Me hice de unas tarjetas personales, las repartí por todas partes y convertí la pequeña sala de mi departamento en un despacho, colgando con orgullo por la pared, mi diploma de detective. Al mes siguiente, tuve mi primer caso, como la mayoría de los que tuve, sobre infidelidades de parejas, y en todos salí airoso.

Sonó el timbre, me di una última mirada al espejo y fui a atender al visitante.

Un hombre muy elegante vestido de traje me estrechó la mano, y se presentó como el abogado del señor John Louis. Como todo abogado de una persona importante como lo era mi amigo, trató de impresionarme con su actuar muy seguro, pero yo estaba acostumbrado a ello, así que no le presté mucha atención y lo dejé pasar.

Le ofrecí las dos únicas cosas que podía, una taza de café y una silla, el café lo rehusó amablemente, y se sentó frente a mi pequeño escritorio.

—Señor Alex, mi cliente, el señor Louis me envió junto a usted para que trabajemos juntos en este caso. Me aseguró que estaría de acuerdo en hacerlo, y el costo de su trabajo lo discutirá personalmente con usted. Le pondré al tanto sobre lo que le ha ocurrido. Hasta ahora es el único sospechoso del crimen de su esposa, la señora Ana Biderman, fiscal del estado, y está en prisión preventiva en estos momentos. Estoy tratando de conseguirle arresto domiciliario. ¿Podemos contar con sus servicios?

John era un hombre que provenía de una familia acaudalada. Había heredado una gran fortuna al morir su padre, un político muy influyente en esta ciudad, y una oportunidad como la que se me presentaba no era para dejarla pasar. Podría ganar el dinero para mantenerme tranquilamente durante un año.

Así que hice la pregunta de rigor.

—¿Es inocente?

—John afirma que lo es, y estábamos por cerrar el caso como un suicidio, a falta de pruebas, aunque John no quería hacerlo de esta manera, hasta que apareció un video de una de las cámaras de un edificio cercano al suyo, donde dicen que ven a una persona empujando a Ana desde la terraza de su piso ubicado en la última planta del edificio donde vive. Y digo «dicen», porque aún no he podido ver ese video. John me dijo que usted fue un oficial de policía antes de ser detective, así que tal vez conozca la forma de obtener ese video. De todos modos, estoy seguro de que un juez amigo le concederá el arresto domiciliario, y usted puede ir a conversar con él cuando esté en su departamento, para que conozca todos los detalles de boca del propio acusado.

Dejó su tarjeta personal en el escritorio y se marchó después de que le dijera que aceptaba el trabajo.

Unos días después recibí una llamada del propio John, pidiéndome que fuera a verle al día siguiente a su departamento para almorzar y discutir un asunto en el que estaba involucrado.

Llegué puntualmente al edificio, que ya tenía sus buenos años, pero estaba muy bien conservado, con dos torres. La torre A estaba en la parte delantera, la torre B, en la cual se encontraba el departamento de John, en la parte trasera.

Me hice anunciar presionando el botón veinticinco B. Unos segundos después se abrió la puerta de cristal y entré a la recepción, donde se encontraba una bonita y elegante secretaria detrás de un mostrador que muy amablemente me indicó el camino a seguir para llegar al departamento de John.

El penthouse ocupaba todo el vigésimo quinto piso. Hice sonar el timbre, y al instante fui recibido por John.

Después de un fuerte y sincero abrazo, me hizo pasar al interior de aquel impresionante departamento, muy amplio y lujoso.

—Alex, estoy en un gravísimo problema, y espero que puedas ayudarme a encontrar una solución favorable. Sé que eres un buen detective, y mi abogado me ha dicho que te ha puesto al corriente de lo ocurrido. He preparado este cheque para ti, y al finalizar esto, lo completaré con la otra mitad.

Me quedé pasmado al mirar la cifra. Si tuviera que darle una cantidad, no habría sido ni la mitad de lo que figuraba en ese cheque, y aún faltaba la otra mitad.

—¿Eres inocente? —pregunté.

—Por supuesto, amaba a mi esposa, te contaré detalladamente toda la historia mientras almorzamos. Por favor, pasa al comedor.

En una repisa de la chimenea había varios retratos de la misma mujer, y uno de cuerpo entero, debía de ser Ana, muy bella, por cierto. Pelo rubio, aunque parecía teñido, ojos negros, tez blanca y bonitos rasgos.

Pasamos a un suntuoso comedor. John se sentó en la cabecera y yo elegí sentarme a su lado. Fuimos compañeros de colegio y de salidas durante seis años, luego nos distanciamos al elegir cada uno un camino diferente.

En los primeros años nos veíamos de vez en cuando, pero estos encuentros se hicieron cada vez más esporádicos, hasta que al cabo de unos años no volvimos a vernos más.

Una señora de no más de cincuenta años nos sirvió la comida, y luego de ordenar los cubiertos se retiró. John le dijo que podía marcharse hasta el día siguiente, probablemente para conversar con más tranquilidad sin que pudiera oírnos.

Mientras comíamos sopa de ave, me fue narrando toda la historia desde el principio.

—Discúlpame si no soy muy coherente en mi relato, Alex, todo esto me supera. Imagínate, la muerte de tu amada esposa, eres el único sospechoso y te llevan a la cárcel —aparté los cubiertos viendo el estado en que se encontraba mi amigo, y prosiguió—. Conocí a Ana en un gimnasio donde coincidimos los dos a la vez. Recuerdo que la primera vez que la vi me impresionó mucho, algo que nunca me había pasado con otras mujeres, y me dije. «Esta es la mujer que necesito». Era muy hermosa y estaba obsesionada con mantener un buen estado de salud y su físico. Además de ser una excelente abogada, ocupaba el cargo de fiscal, estando a cargo de varios casos de políticos que estaban en el punto de mira de la justicia. Esas carpetas están en la oficina del fiscal general, pero ella siempre tenía copias de todos los archivos que guardaba en un lugar secreto que solo ella y yo conocíamos. Te las entregaré más adelante para que pueda serte de ayuda en la investigación. Su muerte dejó un terrible vacío en mi existencia. Tú sabes que tengo muchos contactos en la política gracias a mi padre, que era un político muy importante en nuestra comunidad. Ana y yo nos llevábamos de maravillas, éramos el uno para el otro, y estábamos planeando tener un hijo. Esa noche celebramos una fiesta a la que invitamos a muchos de nuestros amigos, a políticos y a familiares de Ana. Después de la medianoche algunas personas empezaron a marcharse, y media hora más tarde todos se habían ido. Creo que se fueron todos. Este departamento es muy grande, tiene tres habitaciones además del dormitorio principal que están desocupadas. Cuando la última pareja se fue nos retiramos a dormir muy cansados. Al día siguiente desperté alrededor de las siete de la mañana. Entre ducharme, vestirme y desayunar, salí aproximadamente a las ocho tras despedirme de Ana para ir a una agencia de viajes. De allí volví en busca de unos documentos que había olvidado. Ana hacía yoga en la terraza todas las mañanas antes de ir a su despacho en la fiscalía, fui al dormitorio a buscar esos documentos, ella no estaba allí, y al volver a salir miré hacia la terraza para ver si seguía haciendo su rutina de ejercicios. Como no la vi, supuse que ya se había ido. Su hora de entrada en la oficina era las nueve de la mañana, pero podía llegar más tarde o más temprano sin ningún problema. Volví a la agencia de viajes, y tras terminar los trámites, regresé al departamento. Pensábamos tener una segunda luna de miel. Aquella mañana no supe nada de ella, aunque eso no era raro, ya que casi nunca manteníamos el contacto hasta la hora en que ella volvía de su oficina, a menos que hubiera algún problema urgente. Y cuando no volvió por la noche, preocupado empecé a llamarla y a enviarle mensajes de texto, pero no respondía a mis llamadas ni veía mis mensajes. Me puse en contacto con personas que solían acompañarla, entre compañeros de trabajo y amigos, por si sabían algo de ella. Pero nadie la había visto ese día, ya que no había ido a trabajar. En ese momento fui a revisar la oficina de Ana en el departamento. Sólo ella y yo teníamos la llave, y en esa habitación ni siquiera entraba el ama de llaves para el aseo. Allí encontré su teléfono y su cartera. Entré en un estado de total desesperación y no supe cómo reaccionar. Ana nunca faltaba al trabajo, recorrí todo el departamento, incluso miré por la terraza hacia abajo, pero la oscuridad era total, entonces utilicé una poderosa linterna, que iluminó todo el tejado de la casa que se encontraba en la parte inferior, pero no se veía que hubiera caído allí, y los peores pensamientos comenzaron a venir a mi mente, sabiendo lo peligroso que era su trabajo. No quise alarmar antes a sus padres, pero en ese instante, lo único que me importaba era que Ana volviera sana y salva. Sus padres me dijeron que no habían tenido noticias de ella después de la fiesta en nuestro departamento, y en cuanto corté esa llamada fui a la policía y a la fiscalía a realizar la denuncia de su desaparición. Me dijeron que tenían que esperar tres días para iniciar la búsqueda, pero por su condición de fiscal lo harían de inmediato. Al día siguiente, un vecino denunció a la policía un accidente, en el que suponía que una persona había caído sobre el tejado de su casa que está detrás de este edificio. Acudieron los bomberos, la policía y la fiscalía para hacer el levantamiento del cuerpo y ver si era Ana. Era ella, y estaba muerta —dijo muy afligido al recordarla. Lloró por un buen rato, luego lo tranquilicé con unas palmadas por la espalda en señal de apoyo, y continuó con dificultad su relato—. No la había visto por la noche cuando iluminé el techo con la linterna, porque el tejado de la casa tiene una ligera pendiente por la que resbaló para detenerse por la canaleta, y esa parte no es visible desde la terraza de este departamento. Fue la mucama de la casa de abajo la que la vio en el tejado cuando fue a la parte de atrás a colgar la ropa que había lavado. Fui interrogado por policías y fiscales. Me hicieron muchas preguntas sobre nuestra relación, y sobre si creía que ella podría haberse suicidado. Pero les negué rotundamente, Ana no era una persona capaz de hacer eso. Mi abogado quería cerrar el caso como un suicidio o como un accidente, pues ni la policía ni la fiscalía tenían pruebas contundentes de que alguien la hubiera empujado, ya que solo presentaba golpes debido a la caída. Y durante ese proceso apareció un video de una cámara de uno de los departamentos cercanos a este edificio, en el que se puede ver de forma borrosa a una persona empujando a Ana por la terraza. La hora y los minutos en los que se produjo el crimen coinciden con mi presencia aún dentro del edificio, ya que antes de ir a la cochera, me había dirigido a la recepción para preguntar si no habían dejado algún recado para mí, pero como la recepcionista estaba muy ocupada atendiendo a varias personas que la estaban esperando, después de unos minutos decidí volver más tarde, entonces me dirigí a mi vehículo y salí del edificio. Por ello, el fiscal solicitó mi prisión. El video lo vi cuando fui a declarar a la fiscalía. Y gracias a mi abogado ahora estoy con arresto domiciliario —dijo consternado John.

—¿El asesino estuvo aquí escondido mientras buscabas los documentos que necesitabas? —le pregunté.

—Al parecer es así.

—¿En la agencia de viajes pueden corroborar el horario en que estuviste allí en ambas oportunidades?

—Sí —dijo con mucha seguridad mientras me daba un folleto de dicha agencia.

—¿Y cuál es tu versión de los hechos ocurridos en la terraza esa mañana?

—Evidentemente alguien quedó escondido dentro del departamento la noche anterior, y fue quien arrojó a Ana al vacío —respondió John.

—¿Salió de este departamento después de que te fuiste a la recepción?

—Tal vez esperó un rato y luego abandonó el edificio.

—¿A qué hora se cometió el crimen?

—A las ocho y media de la mañana.

—¿Tu ama de llaves estaba aquí en ese momento?

—No, su horario de trabajo va desde las 9 de la mañana hasta las dos de la tarde.

—¿Hay cámaras aquí dentro o en los pasillos del edificio?

—No, solamente en la entrada apuntando hacia la calle, en la cochera y en la recepción apuntando a la oficina.

—Deberíamos poder ver al asesino abandonar el edificio cuando veamos la grabación de la cámara de spla recepción de ese día.

—Seguro que sí.

—¿Tienes alguna sospecha sobre quién de entre tus invitados pudo haberlo hecho?

—Honestamente, no. Algunas personas vinieron con sus guardaespaldas, pero ellos no entraron al departamento. O al menos no debían entrar, se quedaron en el pasillo, pero entre el bullicio de la fiesta quizá alguien pudo colarse dentro.

—¿Se registró la entrada y salida de las personas del servicio de comidas?

—Sí, Ana los recibió y despidió personalmente, solo fueron dos personas que entraron una sola vez al departamento.

—¿Los que trajeron las bebidas también?

—Las bebidas tenemos en el departamento.

—¿Con qué ropa fue encontrada Ana?

—Con la que hacía sus ejercicios de yoga.

—¿A qué hora saliste y llegaste al edificio?

—Aproximadamente a las ocho abandoné el departamento, volví a las ocho y veinticinco. A las ocho y media estaba en el vestíbulo esperando para hablar con la recepcionista, luego fui al estacionamiento, subí a mi coche y volví a la agencia de viajes para regresar de nuevo a las nueve.

—¿Sus teléfonos fueron sometidos a prueba pericial por la fiscalía?

—Sí, el de Ana, el del ama de llaves y el mío. Los resultados los tiene el fiscal del caso.

—¿La policía revisó el departamento en busca de huellas dactilares?

—Sí, la policía y la fiscalía revisaron minuciosamente todo el departamento en busca de huellas dactilares y de cualquier otro elemento que pudiera ser útil en la investigación. Pero hasta ahora no encontraron nada aparentemente.

—¿Podríamos decir que Ana conocía al asesino? Aunque tengo que ver el video primero para afirmar eso.

—Podría ser, pero en el video no se ve claramente ni a Ana ni al asesino, ya que la distancia desde la cámara al departamento es relativamente grande, y ella está de espaldas a la persona que la empuja.

—¿Se puede ver la ropa del asesino?

—Parece que tiene una capucha o algo para cubrirse la cabeza al momento de empujarla, tal vez el asesino previó que podría haber alguna cámara cerca.

—Me gustaría ver ese video.

—La policía lo tenía, ahora está en la oficina del fiscal.

—Podría existir otra cámara que nadie ha visto.

—La policía hizo una búsqueda exhaustiva de las cámaras de los alrededores que apuntaban a la terraza, y todas, a excepción de la que fue confiscada por ellos, apuntaban hacia abajo, pues la que se llevaron, se encontraba en un edificio cercano más alto, pero como no apuntaba directamente a este departamento, la imagen no es muy nítida.

—¿Podemos ir a la terraza? —pregunté.

—Acompáñame Alex, te mostraré.

Observé detenidamente toda la terraza, luego me dirigí al lugar donde Ana fue arrojada. Una barandilla metálica de poco más de un metro de altura era la protección que tenía para no caer al vacío. Miré hacia abajo, y desde donde estaba no podía ver el tejado de la casa donde ella cayó. Tenía que ver primero el video para sacar alguna conclusión importante.

—Como primer paso quiero que me prepares la lista de invitados, además de la cantidad de guardias que estaban en el pasillo, las imágenes de las cámaras de ese día de este edificio, y necesito que estés disponible para mí las veinticuatro horas del día, John.

—De acuerdo, Alex. Para mañana tendré todo preparado.

—Una última pregunta. ¿Eras celoso por ella?

—Lo normal creo, pero no entrábamos en ese juego de los celos. Teníamos una relación madura y sincera, y queríamos estar juntos.

Me despedí de John algo apenado por su situación, había llegado a apreciarlo mucho cuando éramos jóvenes, un buen tipo, inteligente y siempre dispuesto a ayudar a los compañeros de menos recursos.

Recorrí toda la manzana del edificio dos veces para mirarlo desde todos los ángulos posibles y ver si había alguna cámara que hubiera pasado desapercibida para la policía. Solo un edificio era de mayor altura que el que habitaba John, y al parecer, según él, un único departamento tenía una cámara en su terraza apuntando hacia la calle, y la terraza del departamento se veía hacia un lado.

El relato de John parecía muy real, y se lo veía muy apesadumbrado por la muerte de su esposa, pero algo que nos habían recalcado en muchas ocasiones en el curso de detectives, era que nunca debíamos descartar a la pareja en un crimen hasta demostrar con absoluta certeza que era inocente, así que John seguiría estando para mí, entre las personas sospechosas. Al fin y al cabo, fue la única persona que estuvo con Ana antes de su muerte.

Me dirigí a mi departamento, y lo primero que hice fue abrir una agenda en mi ordenador donde anotaría todo lo referente a este caso hasta en sus más mínimos detalles.

Para empezar, tendría que conseguir el video, los archivos de Ana y los nombres de los invitados a la fiesta.

Haría una lista de sospechosos, donde pondría a John en primer lugar, y otra donde estarían las personas a las que había interrogado con sus declaraciones.

Mi trabajo consistía en encontrar al asesino, no salvar a John si resultaba ser culpable, aunque no había ninguna razón obvia para pensar que él la había asesinado. Aparentemente se querían mucho, tenían una buena relación, y el dinero no era un problema para ellos.

Al día siguiente recibí un mensaje de John, diciéndome que tenía preparada la lista de invitados, y que podía pasar por su departamento a recogerla.

Durante la mañana me puse en contacto con el abogado Thomas para ver si había alguna novedad de importancia en el caso. Me contestó de forma petulante, diciendo que estaba esperando a que le enviara las novedades para preparar la defensa de su cliente.

Luego me dirigí a la agencia de viajes para corroborar los horarios en los que John estuvo allí esa mañana. Una secretaria se encontraba manipulando su celular cuando entré, lo hizo a un lado y levantó la mirada sacándose sus gafas.

—Buen día. ¿En qué puedo ayudarlo? —me preguntó.

—Buen día. Soy Alex Burg, detective de la policía —saqué mi placa y se la mostré—. Estoy investigando un homicidio, donde un cliente de ustedes está sindicado como sospechoso. Necesito corroborar el día y la hora en que estuvo por aquí.

—¿Me puede facilitar el nombre?

—John Louis.

Introdujo el nombre en su ordenador, y al instante me respondió.

—Sí, es un cliente. Hizo una reserva de dos pasajes para ir a visitar Grecia, con fecha a confirmar.

—¿Usted lo atendió?

—Sí, siempre estoy por la mañana.

—¿Puede decirme la fecha y la hora en que estuvo aquí el día que reservó esos pasajes?

—Aquí tiene.

Imprimió una hoja con todos los datos de ese día y me la dio.

—¿Recuerda algo en particular que haya sucedido con ese cliente? —pregunté.

—Ahora que lo menciona, sí. El señor Louis había olvidado un formulario que debía completar, y volvió a su casa a buscarlo. Pero regresó en media hora aproximadamente. Lo recuerdo bien, porque es lo que declaré a la policía y al fiscal que me interrogó.

Le agradecí su colaboración y por el tiempo que me había concedido. John tenía una buena coartada sobre el tiempo en que regresó a su departamento y volvió a salir.

A la hora de la siesta fui a su departamento. Me sentí mal al ver a mi amigo tan deprimido. Sabía que su futuro dependía de que encontrara al culpable, o podría pasar el resto de su vida en prisión.

Me entregó la lista de invitados, sus acompañantes y la de los guardias que estuvieron en la fiesta la noche anterior al crimen. Chequeamos juntos la presencia de cada uno de ellos, y revisamos minuciosamente la amistad que les unían con ellos.

Cuando el ama de llaves se marchaba, le pedí permiso a John para acompañarla, y así interrogarla en otro lugar sin su presencia, invitándola a ir a otro sitio, a lo que la amable señora no se opuso, ni tampoco mi amigo John. Guardé la lista en el bolsillo de mi chaqueta y acompañé a la mujer. Caminamos en silencio hasta encontrar una cafetería, donde sólo había una mesa ocupada, y nos sentamos en el otro extremo de la misma.

—Disculpe mi atrevimiento, me gustaría invitarla un café. Siento que esto sea más un interrogatorio que una charla amistosa, soy el detective Alex Burg —dije.

—Soy la señora Dora, ama de llaves del señor John y de la señora Ana, que ya no está aquí —dijo con cierta timidez.

—Estoy a cargo del caso del crimen de la señora Ana, y debo hacerle algunas preguntas. Seguramente ya ha sido interrogada por la policía, pero comprenderá que su declaración es muy importante para mí, ya que trabaja en el lugar donde se ha cometido un asesinato, y conoce a las personas implicadas.

—Ya he respondido a todas las preguntas que me hicieron la policía y el fiscal, y les dije que soy inocente y que no tengo nada que ver con lo ocurrido en el departamento —dijo la señora Dora un poco asustada.

—No la estoy acusando, solo quiero que me responda a unas preguntas.

Se hizo un silencio mientras una camarera se acercaba para saber qué íbamos a pedir. Sugerí una taza de café, que fue aceptada por el ama de llaves.

—Quiero que sepa que John es un gran amigo, y debo ayudar a demostrar su inocencia. Para ello necesito conocer todos los detalles de la vida de él, incluso las cosas que puedan parecer las más insignificantes.

—Está bien, responderé a sus preguntas, detective.

—¿Cuánto tiempo lleva trabajando para John?

—Hace ocho años, desde antes de que el señor John conociera a la señora Ana.

—En esa época, ¿con quién vivía él?

—Desde que lo conozco, siempre vivió solo, y nunca he visto a ninguna mujer, a excepción de la señora Ana, pasar la noche en su departamento.

—¿John es gay? —pregunté.

—Claro que no —contestó sonrojándose, molesta por la pregunta.

—¿Solían discutir o pelear entre ellos?

—Nunca, el señor John adoraba a la señora Ana, la consentía en todo lo que ella deseaba. El no pudo cometer ese crimen.

—No lo estoy acusando, sin embargo, John es el único sospechoso para la policía, y debo limpiar su imagen. Pero antes debo asegurarme de que es totalmente inocente.

—Le aseguro, detective, que es inocente. El señor John amaba a la señora Ana. Nunca conocí a una persona como él que viviera solo para su esposa.

—¿Conoce a alguien que tuviera acceso al departamento, o que lo frecuentara aparte de ellos y de usted?

—Solo los padres de la señora Ana. El señor John y la señora Ana eran muy reservados, salían mucho, pero no recibían a ninguna persona que no fuera de la familia, por el trabajo de la señora Ana, y las fiestas solían ser muy ocasionales.

—¿Cuál es su hora de llegada y salida del departamento?

—Llego aproximadamente a las nueve de la mañana, y me retiro entre las dos y las tres de la tarde.

—¿Estuvo usted en la fiesta durante la noche ayudando a la señora Ana?

—No, ella era una mujer muy guapa y podía hacerla sola.

—El día anterior al crimen, ¿a qué hora exactamente se retiró del departamento?

—Después de las dos de la tarde.

—¿Alguien puede corroborar eso?

—El señor John.

—¿Cómo era su relación con la señora Ana?

—Respetuosa, pero muy buena.

—¿Recuerda a qué hora llegó exactamente el día del crimen?

Pensó por unos momentos en lo que iba a decir.

—Después de las nueve de la mañana, nunca llego antes.

—¿El señor John puede corroborar también eso?

—Seguro que sí.

—Cuando llegó al departamento esa mañana. ¿Vio algo extraño que le llamara la atención?

—No, nada extraño, solo el desorden que queda después de una fiesta.

—¿Suele llegar al departamento antes de que la señora Ana se vaya a su oficina?

—Algunas veces sí, en otras, cuando ella estaba por ir a su trabajo, y en la mayoría de las veces cuando ya se ha ido.

—Le agradezco su tiempo señora Dora, ha sido de gran ayuda.

Ella ya se había levantado, tomó su cartera y se despidió.

—Una última pregunta señora Dora. ¿Tiene usted la llave del departamento de John?

—¿Qué está insinuando detective?

—Nada señora Dora, solo quiero saber eso.

—Soy la persona de mayor confianza del señor John, desde el primer día de trabajo me dio con toda la confianza del mundo la llave de su departamento para que pueda entrar y salir sin molestarlo, y jamás se le ha perdido ni un calcetín allí —dijo muy ofuscada. Dio media vuelta, y se fue sin despedirse.

Volví al departamento de John. Al pasar por la recepción saludé al encargado, le dije que era un detective de la policía, le pregunté cuál era su nombre y su horario de trabajo. Me contestó que trabajaba desde las dos de la tarde hasta las diez de la noche de lunes a sábado y se llamaba Mauro Salas.

Debía anotar en mi agenda todo lo que había hablado con la señora Dora y los horarios de los recepcionistas. Me consideraba una persona con buena memoria. Así que no lo olvidaría.

John me preguntó cómo me fue con su ama de llaves. Le respondí que gran cosa no pudo decirme. Luego le pregunté si era de mucha confianza como para tener la llave de su departamento. Me dijo que la consideraba como la madre que ya no tenía, y que incluso pondría su propia vida en sus manos.

Cotejé con él los horarios de llegada y salida de su ama de llaves del departamento el día del crimen y el día anterior, y lo corroboró.

Sus respuestas respecto a la señora Dora me parecieron muy sinceras, así que la dejé de lado para centrar toda mi atención en los asistentes a la fiesta.

—Necesito que me consigas urgentemente las grabaciones del día anterior y del día del crimen de todas las cámaras de este edificio, John.

—Este edificio solo tiene cámaras en la calle, en la recepción y en el estacionamiento. No en los pasillos.

—¿Nunca hubo cámaras en los pasillos?

—Nunca en los pasillos, en las habitaciones estaban a cargo de los propietarios.

—¿Anteriormente, tampoco hubo cámaras en este departamento?

—No, siempre sentí que invadía mi privacidad, y cuando Ana se mudó, sintió lo mismo. Alex, debo pedirte que esto no trascienda mucho. Tú sabes que estoy muy involucrado en la política, y no es bueno para mi imagen ser sospechoso de un crimen, y más aún, del crimen de mi esposa.

—Lo entiendo John, haré lo posible por no agitar demasiado el avispero, pero entiende que el problema de la imagen no está aquí, sino en la publicidad que puedan dar los medios de comunicación.

—No te preocupes por eso. Mi abogado se encarga de ello.

—Tu lista de invitados es larga. ¿Cuantas personas en ella podrían tener un motivo real para eliminar a Ana?

—Prácticamente ninguna, todas eran gente de confianza con la que éramos amigos desde hace años.

—Quiero que me des los archivos que Ana guardaba en secreto, y las grabaciones de las cámaras del edificio.

—Te los traigo ahora mismo, y mañana pasa por los videos. Alex, nadie debe saber que te he dado estos archivos.

—No te preocupes, no se lo diré a nadie.

Antes de abandonar el edificio me dirigí a la recepción para preguntar al encargado, si el día del crimen la vio retirarse a la señora Dora entre las dos y las tres de la tarde, pero me dijo que nunca se fijaba detenidamente en las personas que transitaban por allí, y que no lo podía asegurar.

Los expedientes se encontraban en cinco carpetas fotocopiadas de los originales, y con ellos volví a mi departamento.

Ahora tenía algo en lo que ocupar toda la semana.

Por la noche me preparé una pizza, y fui al escritorio a mirar los expedientes mientras cenaba allí.

Ana tenía varios casos de alto calibre, como lo llamaban en la jerga de la justicia. Había de todo un poco. Narcotráfico, políticos corruptos, secuestros, violaciones, crímenes. Y por lo que estaba averiguando sobre ella, era una persona incorruptible.

En esos archivos había varias personas que hoy se alegrarían con su muerte. Esta ciudad estaba llena de políticos corruptos que hacían negocios con el narcotráfico, y Ana ya había conseguido enviar a varios peces gordos no solo a la cárcel, sino que los había extraditado a países que pedían sus capturas.

Debería volver a usar mi arma de servicio si iba a investigar a estas organizaciones. No esperaba que Ana estuviera hasta el cuello en la lucha contra esa lacra llamada «Droga».

Los narcotraficantes no se andaban con vueltas, cuando alguien los molestaba, primero les daban un aviso, luego enviaban sicarios para asesinarlos.

Llamé a John y le pregunté en qué vehículo se movilizaba Ana.

Me dijo que utilizaba su vehículo la mayoría de las veces, pero que en algunas ocasiones la buscaba una abogada, compañera de trabajo.

Deduje de ello que el hecho de que el día del crimen no hubiera utilizado su coche no había llamado la atención de nadie.

Seguí revisando los expedientes. Parecía que a Ana le asignaban los casos más difíciles y peligrosos. Probablemente por la fama de incorruptible que se había ganado. Busqué su perfil en las redes sociales, y como los tenía bloqueado, solo pude ver sus fotos. Pelo rubio, tez blanca, ojos negros, de estatura media, mantenía una buena figura. Muy bonita, de unos cuarenta años aproximadamente, sin hijos, y felizmente casada con mi amigo John. Una pena su trágico final.

Miré la hora. Las dos de la mañana. Las horas habían pasado volando, estaba cansado y me retiré a dormir. Continuaría mi investigación cuando me levantara.

Al día siguiente me costó abrir los ojos. Tras una relajante ducha con agua tibia, me preparé una taza de café y fui a seguir leyendo los archivos.

Totto Quinteros, alias el tío Totto, Senador, imputado por narcotráfico y lavado de dólares por la fiscal Ana Biderman, con libertad condicional. Amenazada de muerte por el clan Quinteros.

Miguel Tejera, alias Micky, narcotraficante, imputado por la fiscal Ana Biderman, condenado a 20 años de prisión.

Pipo Bonilla, asesor del vicepresidente. Imputado por la fiscal Ana Biderman por tráfico de influencias, condenado a 10 años de prisión.

Jorge Bonetti, jefe de una banda criminal de extorsionadores y reducidores de autopartes de coches robados, imputado por la fiscal Ana Biderman. Amenazada de muerte por el mismo.

Carlos Ramírez, sicario, en prisión. Imputado por el asesinato de cinco personas por la fiscal Ana Biderman. Amenazada de muerte por el hermano del recluso.

Chicho Pérez, asesino en serie. Imputado por la fiscal Ana Biderman por crímenes y tráfico de drogas. Estuvo internado en un neuropsiquiátrico, actualmente prófugo. Amenazó de muerte a la fiscal del caso.

Baby Fuentes, violador en serie. Imputado por la fiscal Ana Biderman por agresión y amenaza de muerte. Fugado del penal central con otros cinco condenados por crímenes.

Y así seguía la lista de criminales, uno peor que el otro.

Empecé a reflexionar sobre los perfiles sicológicos de estos criminales. Personas muy violentas, acostumbradas a matar a sangre fría y huir, sin pensar mucho en cometer el crimen perfecto. Mas el criminal que asesinó a Ana era muy inteligente, o el que lo ideó para hacerlo. La mayor parte de los asesinos que figuraban en esos archivos no podían serlo. Volvería a revisar cada uno de ellos mucho más a fondo, y descartaría a los que no se ajustaran al posible perfil.

El asesino tuvo que ser alguien muy inteligente, paciente, tranquilo, observador, muy detallista, relativamente fuerte, de complexión física robusta, y conocer la rutina diaria de la fiscal para actuar en el momento exacto en que Ana tuvo un pequeño descuido, y soportar su reacción cuando sintió que alguien la amenazaba teniendo contacto físico para lanzarla al vacío, porque era una mujer mental y físicamente fuerte.

Sin embargo, a medida que profundizaba en mi investigación sobre el crimen, siempre me topaba con el hecho de que me faltaba algo. Ver los videos para sacar conclusiones más resaltantes. Mientras esperaba la llamada de mi amigo John, fui a ver al hombre que era capitán de la policía cuando yo era miembro de sus subalternos.

Me saludó como a un viejo amigo, y afortunadamente en ese momento no estaba muy ocupado. Me invitó una taza de café y me preguntó por mi vida.

Después de contarle como era la difícil vida de un detective privado quiso saber a qué venía.

Le dije que estaba investigando la muerte de la fiscal Ana Biderman, y quería pedirle un favor.

Me respondió con cierto recelo, diciéndome que era un caso político muy complicado, en el que estaba implicado su esposo, John Louis, y que si no ponía en peligro su cargo vería cómo podía ayudarme.

Cuando le dije que necesitaba el video del crimen en el departamento de John, hizo una mueca con la boca, sacó un papel de su escritorio, escribió una nota, y me dijo que fuera en su nombre a hablar con esa persona en la oficina del fiscal.

Le agradecí el favor y me fui a la oficina del fiscal. En el camino recibí una llamada de John, diciéndome que pasara a la hora de la merienda, ya que él tendría una copia del video que necesitaba.

En la fiscalía, tuve que dejar mi identificación y el arma que llevaba al guardia de la entrada, después de rellenar un formulario en el que tenía que informar el motivo de por qué llevaba un arma.

Me hice anunciar a la persona a la que iba dirigida la nota del jefe de policía. Tuve que esperar cerca de una hora para ser recibido por uno de los fiscales. Cuando le entregué la nota se disculpó por el tiempo de espera. Le dije que no se preocupara, ya que los detectives estamos acostumbrados a eso, y a continuación le comenté que estaba llevando a cabo una investigación paralela a la de ellos, y deseaba ver el video que tenían en su poder en el que se ve el momento en que la fiscal Ana Biderman es arrojada desde su terraza.

Lo pensó durante unos segundos antes de decirme que lo haría solo por esta vez, ya que le debía un gran favor al jefe de policía, y los detectives siempre interferían en sus investigaciones para mal.

Me disculpé con el fiscal, diciéndole que los detectives éramos contratados por clientes que deseaban resolver con más prontitud sus casos, viendo que la fiscalía estaba siempre saturada de casos muy complicados de resolver. No quería entrar en peleas con los fiscales, como hacían la mayoría de detectives.

Me pidió que le siguiera. Fuimos a una habitación que parecía una pequeña sala de cine especialmente preparada para ello. Puso el video, nos sentamos en primera fila, y vimos los últimos momentos de la vida de Ana.

Estaba apoyada en la pequeña barandilla de espaldas a la terraza haciendo ejercicios de respiración. Como la cámara estaba de lado, el muro de más de metro y medio de altura obstruía la visión de toda la terraza, y solo se la veía en parte a ella. De repente, una persona con una capucha de color claro se acerca sigilosamente a ella, que estaba de espaldas, sorprendiéndola. Le rodea los muslos con los brazos, y levantándola con gran fuerza, la tira hacia abajo.

Ana nunca hubiera imaginado que alguien atentaría contra su vida en su propio departamento.

Vimos el video varias veces a cámara lenta. Como la imagen era algo borrosa, no podíamos distinguir claramente al asesino. Solo pudimos ver que era fuerte y rápido, no le dio tiempo a Ana a reaccionar. La levantó sin dificultad y la tiró, tampoco el asesino se paró a mirar hacia abajo para ver si estaba muerta o no, sino que se dio la vuelta y volvió a entrar.

No podía estar seguro de si la silueta del asesino se parecía o no a la de John, aunque parecía algo más robusto. Si la cámara hubiera estado de frente, se habría visto mejor, pero en esa posición era imposible estar seguro de nada, además, el asesino usaba guantes oscuros. Por sus movimientos calculadores parecía un profesional, y no habrá dejado huellas dactilares.

—¿Está llevando a cabo una investigación paralela a la nuestra para el señor John Louis, detective? —preguntó el fiscal.

—Sí, señor fiscal. El tiempo apremia, y mi cliente desea probar su inocencia lo antes posible.

—¿Confía en él? Para nosotros es el único sospechoso hasta hoy, a pesar de ser el esposo de una colega nuestra.

—Es mi cliente y mi amigo, debo creer en lo que dice hasta que se demuestre lo contario.

—Si consigue alguna prueba importante, háganos saber.

—Por supuesto. Muchas gracias por su ayuda, señor fiscal.

Me fui con más preguntas que respuestas.

Habían pasado muchas horas desde que salí de mi departamento, y aunque no era la hora de la merienda, fui a visitar a John de todos modos. Al ingresar en el edificio fui junto al recepcionista, le saludé y le pregunté si había entrado alguna vez en el departamento de John. Me contestó que solo podía entrar en un departamento si lo solicitaban los propietarios, y que ni John ni la señora Ana lo habían hecho nunca. Me despedí y subí al departamento para entrevistarme con mi amigo.

Había preparado una pequeña caja, que me entregó nada más entrar con él. Contenía un pendrive con la grabación de la cámara que estaba en la recepción del día del crimen. Preocupado, me preguntó cómo iba la investigación. No quise darle falsas esperanzas, así que le dije que esto acababa de empezar y que iba a llevar un tiempo razonable.

Le pedí permiso para ir a la terraza y echar de nuevo un vistazo al lugar desde el que arrojaron a Ana. Me coloqué en el lugar exacto en el que se encontraba en el momento en el que fue sorprendida por el asesino y arrojada al vacío. En ese lugar podía ver una infinidad de ventanas en los alrededores, desde donde alguien podría haber visto el crimen, pero eso era como buscar una aguja en un pajar. Le pregunté si tenía unos binoculares, y mientras fue a buscar, pensé que tal vez habría al menos una cámara en una de todas esas ventanas. Cuando me los trajo, miré alrededor mío. Observé lo más detalladamente posible a cada una de las ventanas, buscando una que tuviera una cámara apuntando a la terraza, pero parecía que ninguna de ellas la tenía.

—John, ¿la rutina de Ana incluía ejercicios de respiración todos los días en este mismo lugar donde estoy parado? —le pregunté.

—Sí, todos los días los practicaba.

—¿En este mismo lugar?

—Sí, siempre se paraba en ese sitio, y durante unos cinco minutos hacía ejercicios de respiración.

—Puede ser que la estuvieran vigilando durante algún tiempo desde una de las ventanas de esos edificios —dije señalando los edificios de los alrededores.

—Hay cientos —dijo—. Sería casi imposible saber de cuál de ellas fue, si tu teoría es cierta.

—Sin embargo, el asesino conocía su rutina, no fue alguien que entró y esperó que se le presentara una oportunidad para hacerlo. Quien la tiró abajo sabía exactamente el momento preciso en que ella iba a estar de espaldas haciendo sus ejercicios de respiración para sorprenderla.

—Creo que tienes razón, Alex —dijo John.

La mesa estaba preparada para una merienda, no obstante, rechacé lo más amablemente la invitación, poniendo como excusa el tiempo que había perdido en la mañana y que tenía que recuperarlo en el transcurso de lo que restaba del día.

Algo en mi interior me decía que no era un buen momento para confraternizar, así que hice caso a mi intuición.

En el camino de vuelta compré algo de comida rápida para la cena, y tras una relajante ducha me dirigí al escritorio para disfrutar de una exquisita pizza y una deliciosa cerveza. Empecé por mirar las escenas de la noche anterior al crimen, desde antes de que empezaran a llegar los invitados, y el incesante movimiento de gente que pasaba por la recepción del edificio a esa hora era suficiente para confundir a cualquiera.

Durante varias horas vi el video con atención, retrocediendo, avanzando, deteniéndome en las imágenes que podían ser relevantes, pero no vi nada especial que me llamara la atención, luego adelanté la grabación, viendo a John cuando estaba esperando en la recepción para hablar con la recepcionista, y después de unos minutos de espera dirigirse a la cochera. Su coartada era creíble. Cansado, dejé para el día siguiente lo que venía después y me retiré a dormir.

Esa noche me fue muy difícil conciliar el sueño, las imágenes del asesino encapuchado levantando a Ana y lanzándola al vacío, venían a mi mente una y otra vez. Quería memorizar los movimientos calculadores y seguros del criminal.

No se me pasó por la cabeza que John pudiera ser el asesino, pero no sé por qué cada vez que pensaba en el criminal, su imagen venía a mi mente.

Casi amanecía cuando abrí los ojos y salté de la cama. Fui a darme una ducha tibia y relajante, me preparé una taza de café caliente para seguir viendo el resto del video. Me pasé unas cuantas horas mirándolo, más no encontré nada raro que me llamara la atención. Lo dejé a la mitad y me dirigí al edificio donde vivía John.

En el curso de detectives nos enseñaron a seguir nuestras corazonadas.

No llamé al departamento de John, sino que me dirigí a la recepción, aprovechando que una persona había salido del edificio y la puerta no se había cerrado. Sentada detrás del mostrador estaba la bonita recepcionista que me había dirigido al departamento de John la primera vez que vine a verlo.

El movimiento en aquel lugar era un incesante ir y venir de gente que entraba y salía de los cuatro ascensores que había.

Me acerqué al mostrador, ella me saludó muy amablemente. Le pregunté si se acordaba de mí.

Dudó unos instantes, haciendo un gesto simpático con la boca, y antes de que pudiera decir nada, le hice recordar el día en que vine a ver a John.

Me observó atentamente con sus bellos ojos negros y una sonrisa esperando que le dijera para qué la necesitaba.

—Soy un amigo de John, me llamo Alex Burg, soy detective. Imagino que sabe lo del accidente mortal en su departamento, y estoy trabajando en ese caso. ¿Podría hacerle algunas preguntas?

Si al principio me había mirado con atención, ahora me miraba aún más. Su sonrisa había desaparecido, mirándome como si fuera un vendedor que intentaba venderle un producto que no quería.

—¿Esto es un interrogatorio, detective? —preguntó.

—No oficialmente, señorita... —esperé a que me dijera su nombre.

—Dolly —dijo seriamente.

—Señorita Dolly, he sido contratado por el señor John, y estoy llevando a cabo una investigación paralela a la de la policía. Me gustaría hacerle algunas preguntas, si pudiera disponer de un poco de su tiempo.

Cuando le dije que trabajaba para John, cambió de actitud y me hizo pasar a una pequeña oficina. Se sentó detrás de un escritorio y yo lo hice frente a ella.

—Ya me ha interrogado la policía y un fiscal, detective.

—Puede tutearme si lo desea, para no hacer tan formal esta entrevista. Soy Alex.

—Mira Alex, no sé qué más decir. Es cierto que el crimen ocurrió durante mi turno, y has visto que por esta recepción pasan decenas y decenas de personas durante todo el día. Mi obligación no es vigilar y ver qué hace cada persona que entra o sale del edificio o de los ascensores.

—Mi intención es averiguar si viste algo inusual esa mañana, algo que pudiera ser de utilidad en mi investigación. Estoy aquí para ayudar a probar la inocencia de John.

—Este edificio tiene dos torres con cinco departamentos en cada piso, algunos se usan como oficinas, y todos están ocupados. Hay doscientos cincuenta departamentos, y a la hora en que hay más actividad de gente es entre las siete y las nueve de la mañana. Deberías venir un día a esa hora y tratar de ver si ocurre algo inusual o no. Te aseguro que lo único que querrás hacer es salir corriendo.

—¿Conocías a la señora Ana?

—Solo de vista, solía verla cuando pasaba por aquí para ir a su departamento, o cuando venía a preguntar si habían dejado algún sobre para ella.

—¿Solían dejarle sobres?

—Sí, a veces. Todos de su trabajo.

—¿Cómo era la relación entre ellos?

—Creo que era buena, siempre que los veía, se mostraban felices y contentos.

—¿Recuerdas a alguien que te haya llamado la atención porque haya dicho o hecho algo extraño al dejarle un sobre a Ana?

—Nada importante, solo dejaban un sobre para luego retirarse. Ni preguntaban si ella estaba o no.

—¿El día del crimen no viste a nadie huyendo, con prisa o tratando de esconderse de la cámara o de ti, Dolly?

—Nada inusual. Fue un día como cualquier otro.

—¿Subiste alguna vez al departamento de John, con él o con Ana?

—No conozco el interior del departamento del señor John.

—¿Viste a John aquella fatídica mañana entre las ocho y las nueve?

—No suelo verle, porque desde el ascensor va directamente a la cochera, como la mayoría de los propietarios, y no pasan por aquí.

—¿Y a la señora Dora, su ama de llaves? ¿Al llegar y al retirarse?

—Nunca me fijo en las personas que entran o salen. Te mentiría si te dijera otra cosa.

Otra persona que no aportó nada a mi interrogatorio. Se levantó de su asiento dándome a entender que mi tiempo había terminado. Me levanté para despedirme y le dije.

—Una última cosa Dolly. ¿Alguna vez tuviste una relación con John?

Me lanzó una mirada sarcástica y dejó de tutearme, su expresión denotaba un enojo reprimido, debido a la pregunta que le hice.

—Me ofende su pregunta, pero nunca tuve nada con el señor John.

Señaló la puerta, dándome a entender que no respondería a más preguntas. Le agradecí su colaboración y salí del edificio. Volvería más tarde para interrogar a la persona que atendía la recepción en el horario nocturno de veintidós a las seis de la mañana.

Para pasar el tiempo hasta que llegara la hora de volver al edificio, me puse a mirar la grabación y a leer los archivos que me había dado John, y creo que a pesar de intentar descubrir alguna situación nueva, se me escapaba algo que no lograba ver con claridad.

Llamé al timbre de la recepción varias veces, hasta que apareció un hombre mayor que me miraba a través de la puerta de cristal. Como no me conocía, no quiso abrirla. No tuve más remedio que recurrir a mi placa oficial de detective, algo que no me gustaba hacer, y se la mostré a través del cristal. Con mucho recelo me hizo pasar, preguntándome qué quería. Al decirle que era un detective de la policía, preguntarle si conocía al señor John Louis y que quería hacerle algunas preguntas, accedió a regañadientes.

Como a esa hora el movimiento de gente era prácticamente nulo, me atendió en el mostrador. Le dije que necesitaba saber la actividad que hubo en ese lugar la noche anterior al crimen de la señora Ana, y como el señor John Louis era el único sospechoso del asesinato cometido en su departamento, deseaba contar con su ayuda para demostrar que él era inocente. Al pasarle un billete se mostró más amable y me dijo que respondería a mis preguntas.

—Soy el detective Alex Burg, ¿cuál es su nombre? —pregunté.

—Soy Rodolfo Rey, encargado del edificio en este horario.

—¿Cómo era la relación entre el señor John y la señora Ana?

—Se llevaban bien, jamás los vi discutir, y el señor John siempre fue todo un caballero con su esposa.

—¿Estaba usted aquí la noche anterior al crimen?

—Sí, estuve desde las veintidós horas hasta las seis de la mañana.

—¿Vio algún movimiento inusual de gente sospechosa o algo que le llamara la atención en todo ese tiempo?

—Como le dije a la policía y al fiscal, todo era normal. En esta recepción hay un movimiento incesante de personas desde las primeras horas de la mañana hasta cerca del mediodía aproximadamente, para luego ir disminuyendo paulatinamente hasta que a medianoche es casi nulo, y es imposible estar vigilando el movimiento de cada persona. A esta hora ya no hay movimiento, pero esa noche, debido a la fiesta en el departamento del señor John, hubo una actividad extra, debido a la presencia de personas importantes de la política que asistieron con sus guardaespaldas.

—En mi teléfono tengo el video del movimiento en este lugar esa noche. ¿Le importaría echarle un vistazo y ver si observa algo que le llame la atención?

—Está bien, voy a verlo ahora. A esta hora entra o sale muy poca gente.

—Puede adelantar, retroceder o detener el video cuando vea algo que le llame la atención. En la grabación se muestra al mismo tiempo las imágenes de las tres cámaras, la que se encuentra en la calle, la que apunta hacia nosotros y la del estacionamiento.

El hombre tomó mi teléfono, y mientras lo miraba recorrí el vestíbulo.

Por una puerta lateral, las personas que dejaban sus coches aparcados en el estacionamiento podían ingresar directamente a los ascensores, evitando así pasar por la zona de recepción. La cámara estaba colocada a un costado, y las personas que entraban por esa puerta, apenas eran visibles durante unos pocos segundos de perfil. Era casi imposible ver algo que llamara la atención entre las decenas de personas que se cruzaban constantemente. Fui a sentarme a leer un periódico que había en una pequeña mesa.

Estuve allí durante más de una hora, y nada...

Estaba a punto de dormirme. Esa mañana me había levantado temprano y pasé el día en la calle.

Me dije: «si en quince minutos el conserje no encontraba nada, volvería la noche siguiente».

Sin darme cuenta de que había pasado media hora, me dirigí al recepcionista que seguía viendo el video.

—Señor Rey, ¿no ha encontrado nada que le llame la atención?

—Hasta ahora nada.

—¿Puedo volver mañana a esta misma hora y podría seguir viendo este video?

—Por supuesto.

—Muchas gracias por su tiempo. Volveré mañana.

Volví al edificio la noche siguiente, y el señor Rey no tuvo inconveniente en seguir mirando el video en mi teléfono mientras lo esperaba en el sofá leyendo una revista de moda.

Después de media hora me hizo un gesto para que me acercara.

—Detective, mire esto, es muy extraño. Este hombre calvo entra detrás de esas tres personas en la recepción desde la calle, y al instante siguiente desaparece. Aparentemente el video no se corta en ningún momento, y solo se nota si se lo ve en cámara lenta. Usted no lo notaría si la película continúa, porque no está familiarizado con este lugar, sin embargo, para alguien como yo, habitué de esta recepción, es fácil notarlo, y lo vi al instante.

Adelantó y retrocedió el video varias veces para mostrarme cómo el hombre entraba en la recepción desde la calle junto a otras tres personas, pero en la siguiente toma no estaba más. Sólo aparecía en el video durante un segundo, y al siguiente desaparecía repentinamente.

—Déjeme verlo, por favor —le interrumpí muy sorprendido, tomando mi teléfono y observando la escena con atención una y otra vez —. Tiene razón, no entiendo cómo pude pasar por alto esa escena. Ahora es tan evidente.

—Estudié edición de video, y ese fenómeno visual es un efecto producido en una multitud. El ojo humano no puede captar a una persona concreta en una multitud a primera vista, a menos que esté identificada desde el principio, o quizás hubo un problema con la cámara en ese momento.

Iba a decir en voz alta lo que estaba pensando, pero me callé a tiempo. Cómo no me di cuenta antes de que ese video podía haber sido editado, y me pareció que el señor Rey no me lo quiso decir directamente.

Volví a mi departamento cansado y con mucho sueño.

Alguien había intentado engañarme. ¿Fue John?

Quien había lanzado a Ana al vacío tenía una una gran fuerza física, no parecía ser John.

Pero él me había entregado un video del día del crimen que parecía haber sido editado, y eso lo seguía convirtiendo en sospechoso.

Lo visitaría cuando despertara.

¿Quién era el hombre calvo que entró en la recepción y cuya imagen se borró posteriormente del video? ¿Quién lo borró? ¿Por qué no lo borraron desde el principio? ¿Se le escapó ese detalle a quien lo editó? ¿O alguien quería que lo viera solo un instante? ¿Y si esa escena me pasaba inadvertida y no me daba cuenta? Esas preguntas me quitaban el sueño. Pero ya tenía un punto de apoyo desde el que profundizar en mi investigación.

Solo pude dormirme al amanecer. Cuando abrí los ojos y miré la hora en mi reloj, vi que eran las diez de la mañana. Me apresuré a darme una ducha, y después de desayunar, salí presurosamente a ver a John.

Estaba confundido y angustiado. Había prometido a mi amigo encontrar al asesino de la mujer que amaba, y ayudarle a demostrar su inocencia, pero cada vez que me adentraba en el caso, todo se volvía en su contra. Estaba en el momento del crimen dentro del edificio, luego me dio un video editado de las horas anteriores y posteriores al asesinato. Ahora aparecía en el video, un hombre calvo, y la escena en la que se suponía que estaba presente había sido borrada a propósito.

Dejé mi coche en un estacionamiento cercano y me dirigí al edificio. Cuando me disponía a llamar al departamento de John, me fijé en el edificio de enfrente, y fui a mirar más de cerca para ver si alguna de las cámaras que tenía apuntaba al edificio de enfrente. Me pareció que de las dos posibles, ninguna estaba dirigida a la entrada del edificio donde vivía John. Crucé la amplia calzada que separaba las aceras de los edificios y fui a tocar el timbre del departamento de John. A los pocos segundos se abrió la puerta de cristal. Entré, y al ver a la señorita Dolly de reojo mientras me dirigía al ascensor, la saludé. Ella me sonrió sarcásticamente y prosiguió con su trabajo, me apresuré a entrar en el ascensor aprovechando que había poca gente subiendo.

Me recibió John como siempre lo hacía, con un afectuoso abrazo, preguntándome por mi estado de salud y como iba la investigación.

Nos acomodamos en el sofá, le miré fijamente a los ojos mientras le preguntaba.

—¿Quién te facilitó el video que me entregaste, John?

Al instante se dio cuenta de que quería pillarlo en alguna mentira.

—Alex, conozco todos los trucos que usa la policía para detectar una mentira. No te estoy mintiendo, quiero que esto acabe cuanto antes. Soy inocente. El video que tienes, es el mismo que la fiscalía obtuvo de la recepción el día en que descubrieron el cuerpo de Ana.

—¿Se pueden editar esos videos?

—De hecho, los videos de todas las cámaras pueden editarse. Sin embargo, las personas que están a cargo en el edificio no tienen motivo alguno para hacerlo.

Charlamos un rato más sobre las cuestiones legales del caso, y me marché más confundido que cuando llegué.

Me sentía como si estuviera navegando en aguas turbulentas muy peligrosas, y no podía ver con claridad todo lo que estaba pasando.

Me crucé con mucha gente al salir del ascensor. Quería preguntarle a la señorita Dolly si conocía o había visto alguna vez al hombre calvo del video, pero una larga fila de personas esperando para hablar con ella me hizo desistir. Volvería en otro momento.

Mi cerebro trabajaba a su máxima velocidad pensando en quién podría ayudarme. Al cabo de unos minutos, decidí volver a hablar con el jefe de policía, tal vez él pudiera darme alguna pista. Aunque no quería molestarlo en su trabajo, volvería a ser un caradura y recurriría a él de nuevo. A pesar de ser un tipo duro y muy rudo, tenía su lado amable, y yo le caía bien.

Cuando me vio, con una gran sonrisa me hizo pasar a su despacho y me preguntó cómo me había ido con el fiscal.

Le agradecí el favor que me había hecho, diciéndole que fue de mucha utilidad y que volvía a necesitar su ayuda de nuevo.

Como la vez anterior, me respondió que si estaba a su alcance no tendría ningún problema en ayudarme.

Le mostré el video que tenía en mi teléfono, concretamente la escena en la que aparecía el hombre calvo, y al momento siguiente desaparecía, pasando desapercibido por la multitud que se encontraba en movimiento en la recepción.

El capitán tampoco vio esa escena, y solo cuando le hice ver la repetición varias veces, la vio con claridad.

De su despacho fuimos a una sala de proyección de películas que utilizaban para determinar la identidad de las personas que estaban en sus archivos, y cuando comparamos la imagen del rostro del hombre calvo con los perfiles que estaban informatizados, apareció un nombre.

Lyndomar Riveiro, brasilero, hombre de confianza de Miguel Tejera. Había cumplido su condena hacía dos años por homicidio y tráfico de drogas.

—Al parecer estás tratando con gente muy peligrosa Alex, deberías llevar siempre tu arma contigo. Estos criminales no dudan en eliminar a quienes les molestan. Y este Lyndomar, es uno de los peores sicarios. ¿Sabes quién es Miguel Tejera? —dijo el capitán.

—No lo conozco capitán.

—Está en cárcel, es un narcotraficante, que además de peligroso, es un asesino, y su hombre de confianza era Riveiro. Cuídate mucho, Alex.

—Gracias capitán, lo haré.

De a poco se iban desatando los nudos que enredaban este caso. El siguiente paso que debería dar, sería hablar con ambos hampones. Y ver qué pistas podía obtener de ellos.

No tenía ni idea de dónde podía encontrar a Riveiro, me sería más fácil empezar hablando con el narcotraficante Miguel Tejera que estaba en prisión, aunque tendría que tener una coartada para sacarle alguna información valiosa, o estaría perdiendo el tiempo con él.

Volví a mi departamento como venía haciendo últimamente, cansado y con hambre.

Tras una relajante ducha y unos bocadillos comprados en la calle, me acosté a leer los expedientes que John me había dado sobre Tejera.

En ellos se detallaba todo lo que se conocía de él, su vida privada, pública y su estadía en la cárcel.

Vería qué podía utilizar en su contra para chantajearlo, y conseguir que me hablara del hombre calvo llamado Lyndomar, que era su hombre de confianza y estuvo en la recepción del edificio la noche anterior al crimen. Luego debería hablar con él.

Dejaría para más adelante el interrogatorio de los tres recepcionistas del edificio, para averiguar quién pudo haber editado el video del día del crimen.

Viajé quinientos kilómetros hasta la prisión donde estaba recluido Miguel Tejera. Utilicé mi licencia de detective para evitar pasar por los engorrosos trámites que deben realizar los visitantes, y pude acceder hasta donde se encontraba el peligroso narcotraficante, después de dejar mi arma y mi teléfono en la guardia.

Un hombre robusto de piel morena se sentó frente a mí, separado por un cristal transparente dirigiéndome una mirada maliciosa.

—Señor Miguel Tejera, soy Alex Burg, detective privado. ¿Puedo hacerle algunas preguntas?

—¿Por qué debería contestarle? No le conozco. ¿O tiene algo que ofrecerme a cambio?

—Sí, tengo algo señor Tejera, todo el mundo tiene una debilidad, y usted también la tiene. Su hija, una niña discapacitada a quien usted ama mucho, que quedó al cuidado de la justicia cuando fue capturado por la policía.

—Si la toca o le llega a pasar algo, le mataré con mis propias manos —dijo enfurecido como un toro a punto de dar una cornada.

—No se preocupe por eso. Sé que usted quiso que ella fuera a un internado privado, y los tribunales denegaron su petición y la llevaron a un internado estatal. Puedo hacer que la trasladen al lugar donde usted deseaba que fuera si me responde algunas preguntas que necesito saber.

—¿Cómo puedo estar seguro de que cumplirá su palabra?

—Usted conoce la forma de saber dónde está ella, pero el gasto correrá por su cuenta.

—Qué quiere saber.

—Quién es Lyndomar Riveiro, y qué hacía en el edificio donde vivía la fiscal Ana Biderman la noche antes del crimen, a quien usted la había amenazado de muerte.

—Detective, usted está buscando un culpable, y le aseguro que Riveiro no es el asesino. Es todo lo que puedo decirle.

—Sin embargo, Riveiro es su mano derecha, cumple todas sus órdenes. Usted le dijo a la fiscal Biderman que un día la mataría, y Riveiro estuvo la noche anterior al crimen en el edificio donde ella vivía —le respondí.

—¿Cuál es su teoría sobre lo que ocurrió allí, detective? —preguntó Tejera.

—Que Riveiro entró en el edificio, accedió a la fiesta que se dio en el apartamento de John Louis, esposo de la fiscal. Una vez allí, permaneció oculto hasta el día siguiente, y cuando la señora Ana estaba haciendo sus ejercicios en la terraza, la sorprendió arrojándola a la calle para luego huir.

—Interesante su deducción, detective, entonces Riveiro debe aparecer en todos los videos del edificio.

—Ese es el problema que aún no he podido resolver, porque solo hay tres cámaras en el edificio, una en la entrada de la calle, otra en el vestíbulo, y la última en el estacionamiento, y a él solo se lo ve en la calle, entrando a la recepción, de perfil por unos segundos, ya que los videos fueron editados por alguna persona que no quiso que él apareciera.

—Usted fue contratado por John?

—¿Lo conoce?

Sonrió sarcásticamente.

—Alguna vez fuimos socios de negocios.

—¿Qué puede decirme de John Louis?

—Llegué a conocerlo sólo porque era el hijo de un amigo mío, luego hicimos negocios juntos, detective. Ya le he dicho lo que quería saber. Riveiro no cometió ese crimen.

—¿Qué relación tenía John Louis con Riveiro?

—Riveiro trabajó para mí, pero desde que estoy encerrado aquí, no lo he vuelto a ver. No sé qué relación podría haber entre John y Riveiro, y si la hay, ese es un problema que debe averiguarlo, detective. Lo que sí le puedo asegurar, es que Riveiro no es el asesino. No tengo nada más que decir.

—¿Dónde puedo encontrar a Riveiro?

—Si cumple lo que me ha prometido, Riveiro se pondrá en contacto con usted. Es un hombre muy escurridizo. Si no lo hace, nunca lo encontrará.

—Voy a dejarle mi dirección para que pueda encontrarme.

—Eso no es necesario. Riveiro lo encontrará en donde se encuentre.

Me fue muy útil haber leído todo el expediente de Tejera. Así pude enterarme de la existencia de su hija invidente internada en un instituto público, y hablar con una amiga médica que me prometió conseguir su traslado a un internado privado pagado por su padre, por supuesto.

Debería apurar ese traslado para poder hablar con Riveiro y conocer la conexión entre él y John.

Aún me resistía a pensar mal de mi amigo.

Al día siguiente a la hora del almuerzo fui a ver a la señorita Dolly. Había una larga fila de personas esperando a que les llegara el turno para poder hablar con ella. Me acerqué al mostrador, le dije que la invitaría a almorzar y la esperaría en el vestíbulo. Hizo un gesto con la cabeza sin siquiera mirarme, supuse que era un sí, y fui a sentarme a leer un periódico.

Media hora más tarde apareció a mi lado, diciéndome dónde iríamos a almorzar. Le pregunté si tenía algún restaurante preferido.

Me dijo que sí. Se dirigió a la calle y la seguí. Subimos a su coche, nos dirigimos al centro de la ciudad, estacionó el vehículo fuera de uno de esos restaurantes de lujo.

Una vez dentro, quiso saber si me gustaba el lugar.

—Es muy bonito, debe ser un restaurante caro —dije.

—Tú me invitaste y me diste la opción de elegir un lugar que me guste —respondió con una sonrisa—. O prefieres ir a otro sitio.

—Por supuesto que no, me gusta —respondí, a pesar de que me parecía un lugar muy caro.

Hablamos de temas superficiales hasta el final del almuerzo, entonces Dolly quiso saber por qué la había invitado.

—¿Cuál es el verdadero motivo de esta invitación, Alex?

—¿Tienes acceso a los videos del edificio? —pregunté.

—Las tres personas que trabajamos en la recepción del edificio lo tenemos. La grabadora central está en la oficina de la recepción.

—Así que cualquiera de ustedes puede manipular y editar los videos.

—Básicamente sí.

—¿Alguna vez editaste los videos del edificio?

—Me estás acusando de nuevo Alex.

—No te estoy acusando, solo te estoy preguntando si alguna vez lo hiciste en el edificio.

—No tengo por qué hacerlo, ni lo hice anteriormente.

—¿Quién le dio las grabaciones a John?

—Yo lo hice, de la misma manera que se las di a la policía cuando la solicitaron. El video que fue incautado por la fiscalía y el que llevó John son los mismos.

—Supongamos que el video de esa noche fue editado. ¿Quién pudo haberlo hecho?

—Somos tres los recepcionistas, y no creo que ninguno de nosotros lo haya hecho.

—Pero tú no lo hiciste.

—Absolutamente no.

Tras pagar lo que me pareció una cantidad astronómica por la consumición, regresamos al edificio. Dolly volvió a su trabajo y yo a mi departamento.

Llamé a mi amiga la doctora, para saber si había podido conseguir el traslado de la hija de Tejera al instituto privado. La buena noticia era que solo faltaba hacer el pago del traslado, y que alguien se encargara de ello. Inmediatamente hice una transferencia de dinero por la cantidad a pagar, y le dije que me encargaría personalmente de recoger a la niña, preguntándole por la ubicación de ambos institutos.

Al despertar encontré un mensaje de la doctora en mi teléfono, diciendo que podía ir a recoger a la hija de Miguel Tejera del instituto.

Me dirigí al internado estatal con la incertidumbre de no saber lo que podría pasar a posteriori. El camino terminaba en una vieja mansión con un gran portón de hierro. La vieja casona parecía abandonada, y aunque era de día, se asemejaba a un lugar sacado de una película de terror.

Me hice anunciar, tocando un viejo timbre corroído por el paso del tiempo, y tras varios minutos de espera fui atendido por una monja.

Tras averiguar lo que buscaba y verificar mi identidad, me hizo pasar, y recorrimos un largo trecho por un sendero lleno de hojas caídas de los árboles hasta llegar a la entrada de la vieja casona, que no estaba situada al frente, sino a un costado, y pasamos dentro.

El ambiente en el interior era frío, silencioso y lúgubre. Atravesamos estrechos pasillos que producían un molesto eco de nuestros pasos hasta que llegamos a una sala que hacía las veces de oficina, donde una anciana madre superiora, tras un gran escritorio antiguo me dio la bienvenida.

—Señor Alex, adelante, tome asiento por favor. ¿Viene en busca de la niña Anahí?

—Así mismo madre superiora, me dijeron que los documentos estaban listos para su traslado —dije.

—Por supuesto, solo faltan unas firmas suyas para que todo esté en orden. No tendrá problemas para estamparlas al lado de la firma de su tutora.

—No tenía conocimiento de la existencia de una tutora. ¿Quién es ella?

—La señora Dora Tejera. Es la persona que todos los fines de semana trae ropas y alimentos para Anahí.

Hice un gesto de extrañeza, muy evidente al parecer, pues la madre superiora me preguntó si todo estaba bien.

—¿Tiene usted alguna foto de la señora Tejera? —pregunté.

—Por supuesto señor Alex, puede pasar al salón de fotos y mirar a todas nuestras niñas con sus madrinas y tutoras.

Pasamos al salón contiguo, donde las paredes estaban repletas de retratos de las niñas del internado con sus respectivas madrinas y tutoras. Fotos de antaño y de hoy. La madre superiora me mostró un retrato de Anahí y su tutora. Durante unos segundos me quedé con la boca abierta.

La señora Dora, el ama de llaves del departamento de John abrazando a la niña invidente.

Mi cabeza empezó a dar vueltas, mi mente se nubló y mi respiración se entrecortó. Pensé que iba a desmayarme.

La madre superiora me preguntó si estaba bien. Después de unos segundos recuperé todos mis sentidos y le pregunté.

—¿Qué relación tiene la tutora con el padre de la niña?

—Es la hermana del señor Tejera —respondió la madre superiora.

No podía creer nada de lo que estaba sucediendo en ese momento, me dije a mí mismo que más tarde lo pensaría con más calma, cuando pudiera reflexionar tranquilamente.

La monja más joven apareció de la mano de la hija de Miguel Tejera. Ésta llevaba una pequeña maleta en la mano.

Al mirarla, sentí mucha pena por esa niña.

—El resto de su equipaje está fuera —dijo la monja.

Firmé los documentos que faltaban, y fuimos a subir las maletas de la niña al maletero del coche. La hice sentar en el asiento trasero.

Por el camino le pregunté cómo estaba, y si la trataban bien en el internado.

Me dijo que se sentía a gusto allí, que tenía compañeras que la querían, aunque las monjas eran muy estrictas, pero que tenía muchas ganas de conocer el internado al cual se dirigía.

«Qué triste debía ser para la niña tener una discapacidad física, además de un padre en la cárcel», pensé.

El resto del camino permanecimos en silencio. No quise preguntarle nada relacionado a su padre ni sobre su tutora.

Esta historia empezaba a tomar otra dirección, ya que Miguel Tejera era el hermano de la señora Dora. No había nada de malo en que fuera la tutora, de hecho, eso hablaba bien de la señora Dora, sin embargo, mi mente me decía que había algo extraño en todo lo que estaba pasando.

¿Sabía John de la relación familiar entre su ama de llaves y el narcotraficante?

¿Por qué ella, siendo la parienta más cercana de Tejera no asumía la custodia de la niña?

Tal vez no tenía tiempo para cuidarla, o no quería gastar dinero para contratar una niñera que la cuidara donde vivía.

Dolly debería ser eliminada de mi lista de sospechosos de haber cometido el crimen, ya que no tenía la fuerza física necesaria para haber levantado de un tirón a Ana y empujarla al vacío. Tampoco creía que los otros recepcionistas pudieron haberlo hecho, aunque todos ellos podrían estar ocultando algo.

Me concentré en el camino y aceleré más el coche para llegar antes de que oscureciera.

Cuando el sol se ponía, llegamos al internado, de construcción más moderna que el anterior, pero todavía antiguo.

Nos recibieron cordialmente, nos hicieron pasar a un amplio salón, firmé unos papeles y me despedí de Anahí. «Ojalá se sintiera muy bien allí, los niños pueden llegar a sacar los mejores sentimientos de cada persona», pensé con cierta tristeza mientras emprendía el regreso.

Se había hecho muy tarde cuando llegué al departamento. Cansado, me di una ducha y me acosté sin cenar. A pesar de la preocupación que tenía por todo lo me había ocurrido ese día, me dormí al instante.

Esa noche vi en mis sueños como John se envolvía en una manta, se ponía una capucha y los guantes, y como un felino se acurrucaba esperando el momento oportuno, para después de unos minutos, agazapado, dirigirse hasta donde estaba Ana de espaldas a él, y levantándola con todas sus fuerzas, lanzarla al vacío.

Me desperté angustiado, agitado y asustado, fue en vano intentar volver a dormir, así que me quedé pensando.

Tejera me había dicho que fue amigo del padre de John, y que él y John habían sido socios alguna vez. Ana lo envió a prisión, y su hermana era el ama de llaves de John. Tejera sabía que Ana fue asesinada, y me aseguró que Riveiro no fue el asesino. Alguien había manipulado las grabaciones de las cámaras de los momentos previos y posteriores al crimen. Por de pronto, descarté a los tres recepcionistas como autores del crimen, pero seguía pensando que me ocultaban algo.

Ahora tenía que interrogar a Riveiro, y esperaba que Tejera cumpliera lo que me había prometido. De todas formas no me arrepentía de haber ayudado a su hija a estar en un mejor lugar.

Mientras esperaba que Riveiro se pusiera en contacto conmigo, intentaría averiguar quién era realmente la señora Dora Tejera. Volvería a ver al Capitán para conocer sus antecedentes.

No estaba en su despacho cuando fui a verle, y tuve que esperar unas dos horas hasta que llegó a la jefatura de policía. En cuanto me vio, me hizo llamar por uno de sus subordinados y quiso que le contara lo que había averiguado sobre Riveiro.

Le dije que probablemente él sabía más que yo sobre Riveiro, ya que aún no lo había encontrado.

—Alex, te voy a contar algo que es confidencial, y espero que quede entre nosotros.

—No se preocupe Capitán, no hablaré de esto con nadie, y si debo usarlo en algún momento, no mencionaré mi fuente.

—Te aprecio mucho Alex, y no quiero que te pase nada malo. Creo que no sabes que cuando investigas las conexiones entre políticos y traficantes de drogas, entras en otro mundo, uno muy peligroso, donde la muerte acecha en cada esquina y todos pueden traicionarte.

—Debo admitir Capitán que este es mi primer gran caso, los anteriores fueron todos casos fáciles.

—Quiero que sepas quién es John Louis. Su padre era un político muy importante, vinculado al crimen organizado y al tráfico de drogas. Nunca pudimos hacer nada contra él, pues tenía la protección de fiscales que lo protegían a cambio de dinero. Dos veces lo detuvimos con pruebas incriminatorias, en ambas salió en libertad en menos de cinco horas. Y nada de esas detenciones apareció en la prensa. Incluso hubo represalias de los políticos contra el anterior jefe de policía, al que se dio la jubilación. Así que no tenía sentido investigarlo. Su hijo John siguió los pasos de su padre, hasta que se casó con la fiscal Ana Biderman. A partir de ese momento se alejó de los negocios ilícitos y se dedicó de lleno a la política, se presentó a las elecciones y consiguió un cargo como diputado, desde donde se dedicó a defender los negocios de sus amigos. No sé cómo era la relación que tenía con su esposa, pero ella era una fiscal muy correcta. La conocí cuando llevamos algunos casos juntos.

—¿Qué me puede decir de la hermana de Miguel Tejera, la señora Dora? —pregunté.

—Déjame ver los expedientes, tal vez podamos encontrar algo sobre ella.

Mientras el capitán iba a buscar el expediente de la señora Dora, me puse a pensar en mi amigo John. El consejo que mi padre me había dado una vez era cierto. «Nunca se termina de conocer bien a una persona».

El padre de John era un político que tenía conexiones con el hampa. Él también lo era, y las preguntas que me rondaban por la cabeza eran: ¿Por qué me había contratado? ¿Fue él quien asesinó a Ana?

El capitán me devolvió a la realidad colocando una carpeta en el escritorio frente a mí.

—Revísala, es todo lo que pude encontrar por el momento. Vuelvo en un rato —dijo y salió de su despacho dejándome solo.

La abrí y comencé a hojearla.

En su juventud, la señora Dora había formado parte de varias pandillas juveniles, pasando varios años en internados de rehabilitación, hasta que se escapó de uno de ellos. No se supo nada más de ella hasta que años más tarde fue detenida en un atraco con derivación fatal y condenada a 10 años de prisión. Tras cumplir su condena por buena conducta, desapareció por muchos años de los lugares que frecuentaba, hasta que entró a trabajar como ama de llaves del señor Louis padre, y a la muerte de éste, pasó a ser ama de llaves de John.

No estaba seguro de si el caso se estaba oscureciendo o aclarando.

Me despedí del capitán prometiéndole que la próxima visita vendría con una botella de whisky como regalo por los favores.

Necesitaba urgentemente despejar mi mente, así que desde el cuartel de policía salí a dar por un paseo por el centro de la ciudad, necesitaba mezclarme con la multitud de gente que iba y venía para olvidar por un momento todo lo que el capitán me había contado sobre John y la señora Dora.

Encontré un bar abarrotado de gente en una calle peatonal llena de turistas, y me senté en la única mesa vacía que había, pedí una cerveza, y mientras la disfrutaba con ganas, me puse a observar todo lo que me rodeaba, la gente y la arquitectura del lugar, donde los edificios antiguos y modernos se amalgamaban en perfecta armonía para dar la imagen de una ciudad en pleno crecimiento con vistas a un futuro que venía a pasos agigantados.

Necesitaba pensar con más claridad en todo el embrollo en el que estaba metido, y en el que estaba en juego la libertad de mi amigo John, que para mí seguía siendo un sospechoso más.

Nunca habría imaginado el tumultuoso pasado de John si no hubiera visto con mis propios ojos el expediente que me mostró el capitán.

Lo que él me había dicho resonaba en mi mente: «Estás entrando en un mundo en el que todos se traicionan y la muerte acecha en cada esquina».

Tenía que mantener en alerta todos mis sentidos. De repente, en una mesa vecina, me llamó la atención un niño con unos binoculares que me miraba, obviamente estaba jugando, porque miraba a todas partes con el artefacto, y también a las ventanas de los departamentos de los edificios, y en ese momento, gracias a ese niño, me vino una idea a la cabeza.

Estaba fijando mi atención en lo sucedido en la terraza del departamento de John y en las cámaras de ese edificio, cuyas grabaciones podrían haber sido editadas, en lugar de buscar otras cámaras que apuntaran a la puerta del edificio. Pagué mi bebida y fui a una tienda a comprar unos prismáticos, y desde allí me dirigí al edificio donde vivía John. Estacioné mi vehículo en el lado de la calzada frente a la puerta de cristal, en un lugar prohibido, pero no tardaría mucho tiempo allí, así que encendí las luces de estacionamiento y empecé a mirar a través de los binoculares todas las ventanas de los departamentos de los edificios de enfrente en busca de una que tuviera una cámara apuntando a la puerta del edificio. Algunos coches hacían sonar sus bocinas para llamar mi atención y sacar el vehículo de aquel lugar, pero no les hice caso.

Si un policía venía a pedirme que lo hiciera, me iría.

Los pocos departamentos que tenían cámaras que daban a la calle, apuntaban a la entrada de sus edificios, así que miré cada ventana lo más cerca posible. Una de ellas me llamó la atención, ya que estaba protegida por una reja, y en su interior, un niño con el rostro pegado al cristal miraba fijamente hacia la calle. Observando con más detenimiento, me pareció ver que tenía una cámara dentro de la habitación apuntando hacia el exterior, probablemente para vigilar el movimiento del pequeño. Tenía que encontrar la manera de llegar a ese departamento y preguntar si era una cámara en funcionamiento la que estaba allí, y si lo era, conseguir las grabaciones del día anterior y posterior al crimen.

Si llegaba hasta el departamento y pedía la grabación, no me la darían, ya que no me conocían, pero al abogado Thomas, tal vez sí, incluso con una orden judicial se podría obtener si se negaban a entregarla, e incluso podría ser mejor, ya que podría servir como prueba judicial.

Al día siguiente llamé al abogado Thomas, y acordamos reunirnos en un restaurante del centro de la ciudad para almorzar y discutir el caso de John, de paso le pediría una orden judicial para conseguir la grabación de la cámara del departamento que tenía una reja por la ventana.

Empezaba a exasperarme la lentitud con que avanzaba mi investigación. En mi opinión, había progresado mucho, pero al mirar hacia atrás desde este punto, me parecía que seguía en el mismo lugar sin haber hecho ningún progreso significativo.

Llegué puntualmente a mi cita con el abogado Thomas. El restaurante tenía mesas en la acera y en el interior. Eché un vistazo a las de la acera, y al no encontrarlo, entré. Estaba en una de las mesas del fondo. Me acerqué y me senté frente a él. Nos saludamos, pedimos el almuerzo acompañado de jugo de frutas, y mientras disfrutábamos de nuestra comida, me pidió que le contara todo lo que había averiguado en mi investigación.

Me escuchó con mucha atención, y así le conté todo lo que creía que debía saber, pero no le mencioné el pasado de John ni el de la señora Dora. Eso lo dejaría para más adelante, después de hablar con Riveiro.

—Detective Alex, lo único que implica a mi cliente es su presencia en el momento del crimen dentro del edificio, y necesito una sola prueba de que no fue él quien lanzó a su esposa al vacío para demostrar su inocencia. Y la necesito ya.

—¿Y si fue él quien lo hizo? —pregunté.

—Un cliente me paga para demostrar su inocencia, y debo creer en él hasta que se demuestre lo contrario. Mis honorarios son muy elevados, porque hasta hoy no he perdido ni un solo caso, y usted también ha recibido una buena paga detective, así que debería darse prisa en su investigación. Espero tener buenas noticias esta semana, o me veré obligado a recomendar al Señor John que cambie de investigador.

Dejó una suma de dinero sobre la mesa y se marchó molesto sin despedirse.

Salí de ese lugar frustrado, ya que no había tenido tiempo de hablar con él sobre la grabación que necesitaba. Al retirarme, oí que alguien me llamaba desde una de las mesas ocupadas.

—Detective.

Giré la cabeza hacia el lugar de donde provenía la voz, y vi a un hombre corpulento con un sombrero de estilo panameño sentado en una mesa, mirándome.

—Siéntese —dijo.

—¿Quién es usted? —pregunté.

—Me llamo Riveiro. Usted me estaba buscando. ¿Qué quiere de mí?

Me senté frente a él, quería grabar la conversación que iba a tener a modo de prueba, metí la mano en el bolsillo para sacar el teléfono y conectar la grabadora, pero él lo intuyó.

—Nada de fotos ni de grabación detective. No quiera pasarse de listo.

—¿Fue usted quién asesinó a la fiscal Ana Biderman? —le pregunté.

—Me está acusando o preguntando.

—Usted amenazó una vez con asesinarla, y estaba en el edificio el día del crimen.

—Eso no prueba nada, salí de prisión por buena conducta y estoy siguiendo el buen camino, detective. No he cometido ningún delito. Su acusación es totalmente infundada.

—Sin embargo, aparece en la grabación de la cámara del edificio la noche anterior a su muerte.

—No veo ningún delito en eso, admito que estuve allí, pero solo por un corto tiempo, luego me retiré.

—¿Por qué fue al edificio? ¿Quién lo hizo pasar dentro?

—No tengo por qué revelarle lo que tenía que hacer allí, y usted sabe que en ese edificio, como en muchos otros en los que circula mucha gente, las personas entran detrás de otras antes de que se bloquee la puerta. Si estuvo viendo la grabación de la cámara se habrá dado cuenta de que salí antes de una hora.

—Entonces dígame quién asesinó a la fiscal Biderman.

—Se nota que está desesperado, detective, pues hace acusaciones sin fundamento contra cualquier persona que le parezca sospechosa. Tampoco puedo acusar a nadie, ya que no sé lo que ocurrió en ese lugar.

—¿Conoce el departamento del señor John Louis?

—Bueno, ahora vamos mejor. Nunca he pisado el departamento del señor John, y si me pidiera que le dibujara un plano del mismo, no sabría hacerlo.

—¿Cuál es su relación con John Louis?

—Ninguna.

—¿Conversó en alguna ocasión con él?

—Suelo conversar con mucha gente sin prestar atención, y no sabría decirle si alguna vez lo hice con él.

—¿Quién es la señora Dora Tejera?

—La he visto varias veces, sé que es la hermana de Miguel.

—Ella estaba en un correccional juvenil, cometió varios delitos y estuvo en la cárcel.

—Eso no es de mi incumbencia, es su problema.

No tenía nada para chantajearlo y así obligarlo a que me diera más información, pero no le dejaría ir tan fácilmente.

—La policía tiene la grabación de las cámaras del edificio donde aparece la noche anterior al crimen, lo llamarán a declarar y será investigado. Si no fue usted, ¿quién cometió el crimen, señor Riveiro?

—Me arriesgaré detective. Lo que puedo asegurar es que soy inocente.

—¿Tampoco me dirá junto a quién fue esa noche y para qué?

—Fui junto a una amiga, pero no puedo dar su nombre, es una mujer casada. Usted comprenderá, detective —dijo sonriendo con sarcasmo.

—¿Sigue trabajando para Miguel Tejera?

—Ya le dije que estoy transitando por el buen camino.

—Está bien señor Riveiro, ya nos volveremos a ver.

—Detective, cuídese, está yendo por el camino equivocado, y molestando a personas muy peligrosas que no dudan en matar a quienes los fastidian.

Me levanté y salí de allí con una rabia reprimida. No sabía si era porque no había sacado nada en claro de mi reunión con Riveiro, o porque me parecía que Miguel Tejera me había engatusado con el traslado de su hija.

Sea lo que fuere, seguía en una nebulosa.

Al día siguiente salí decidido a conseguir la grabación de la cámara que se encontraba en la habitación del niño que vivía enfrente del edificio donde estaba John. Pagaría si fuese necesario, pero lo conseguiría.

Aproveché que una persona salía del edificio para ingresar antes de que se cerrara la puerta y me dirigí al encargado de la recepción.

Me identifiqué como detective de la policía, mostrándole mi placa, y me preguntó qué quería.

Le dije que necesitaba saber quién era el propietario del departamento que tenía una ventana con una reja de protección, donde un niño miraba constantemente a la calle desde lo que parecía ser una cuna, y le mostré un billete.

Me dio un número de teléfono con un nombre, Alice Sarah T., y tomando el billete me pidió que no dijera a nadie que me había dado esa información.

Me dirigí a la oficina del capitán de policía para pedirle otro favor. Por el camino me detuve a comprar la botella de whisky que le había prometido, y me agradeció mucho cuando se la entregué.

Le dije que precisaba conseguir la grabación de la cámara que estaba situada al otro lado de la calle del edificio donde vivía John, y que quería pedirle otro favor si estaba a su alcance. Esperé un momento para ver cómo reaccionaba, y si accedía, decirle lo que necesitaba de él. Me dijo que me ayudaría en todo lo que pudiera para resolver el crimen que estaba investigando, ya que la fiscalía los había dejado de lado. Entonces le dije que si podía llamar a la propietaria del departamento para reunirse conmigo y pedirle una copia de la grabación del día que necesitaba.

No sólo la llamó para concertar una cita, sino que prometió enviarme en un coche patrulla acompañado de un oficial para que fuera más creíble.

Esa noche me fui a la cama con un par de cervezas para reflexionar con más calma sobre el crimen de la fiscal, porque hasta ese momento no había avanzado mucho en mi investigación, y entre las personas que consideraba sospechosas, la que más se parecía físicamente al asesino era Lyndomar Riveiro, además de que había amenazado de muerte a la esposa de John unos años antes, habiendo estado dentro del edificio la noche anterior al crimen.

John seguía siendo un sospechoso más, a pesar de no ser de una contextura física similar a la del asesino del video. Parecía que amaba sinceramente a Ana, y si estaba involucrado en su muerte, podría ser por desavenencias con su esposa debido a la protección política que brindaba a algunos traficantes de drogas. Pero para el fiscal del caso era el único sospechoso, ya que las otras personas tenían buenas coartadas, y la de John no era muy clara.

La señora Dora era físicamente robusta como Riveiro, pero no parecía tener la agilidad del asesino, que había actuado con mucha rapidez para sorprender a Ana, levantarla sin aparente esfuerzo y lanzarla al vacío sin darle tiempo a reaccionar cuando sintió que alguien la atacaba por la espalda.

Quizás había más sospechosos a quienes no los estaba teniendo en cuenta. Y como había dicho el capitán, el mundo del narcotráfico está lleno de sicarios a quienes nunca se los atrapaban.

Sin embargo, Riveiro estaba en el edificio donde se produjo el asesinato, era el guardaespaldas de Miguel Tejera, cuya hermana, la señora Dora, trabajaba como ama de llaves de John, que tenía conexiones políticas con el mundo de las drogas. Mi intuición me decía que estaba en la pista correcta, y con ese pensamiento me quedé profundamente dormido.

Eran las nueve de la mañana cuando desperté. El sol me daba en la cara, y aproveché para ir a darme una ducha. A las diez iba a pasar a recogerme el coche patrulla.

Puntualmente a las diez, oí que llamaban a la puerta. Fui a abrirla. Un joven oficial se presentó como el agente a quien debía acompañar para ir a verificar una denuncia.

Llegamos al edificio, subimos con el agente uniformado para hablar con la señora Alice, que tras observarnos a través de una mirilla de la puerta y ver al agente uniformado, nos abrió con más confianza y nos hizo pasar a su salón.

—Buenos días señora Alice, soy el detective de policía Alex Burg, y me acompaña el oficial Michael —dije mostrando mi placa.

—¿Cuál es el motivo de su visita, detective? —preguntó la señora Alice, ajustándose las gafas.

—¿Tiene usted un hijo pequeño que mira a menudo por la ventana enrejada que da a la calle?

—Sí detective, tengo un hijo autista al que le gusta mirar la calle desde esa ventana, por ello mandé colocar la reja de protección.

—Nos parece que desde hace un tiempo, una persona con prismáticos suele colocarse en el edificio del otro lado de la calle vigilando su ventana, según la denuncia de uno de los recepcionistas de ese edificio que le vio hacerlo en varias ocasiones, y al ir a verificar vimos que usted tiene una cámara con vista hacia el edificio de enfrente. ¿Es así?

—Efectivamente detective, tengo una cámara dentro de la habitación que apunta hacia la ventana para vigilar a mi hijo pequeño desde mi teléfono.

—¿Podría facilitarnos una copia de esa grabación con fecha del diez y el once de junio para que podamos identificar a esa persona?

—Por supuesto detective, podemos hacerlo de inmediato.

Dejé mi tarjeta personal para que la señora Alice me llamara en caso de que necesitara algo urgente, le di las gracias y le dije que si teníamos alguna noticia importante se lo haríamos saber lo antes posible. El oficial me dejó en mi departamento, luego regresó a su unidad. Llamé al capitán para agradecerle por otro favor que me hacía.

Me preparé unos huevos revueltos, una de las pocas comidas que sabía cocinar, y después me pasé toda la tarde mirando minuciosamente el video que me había entregado la señora Alice.

Era de madrugada cuando me levanté muy cansado de mi silla para ir al baño, quedándome totalmente desconcertado después de ver en el video, que Riveiro había entrado en el edificio, estuvo allí menos de una hora, para luego retirarse y no volver más.

Debería excluirlo de mi lista como sospechoso de haber cometido el crimen, pero aún no como instigador.

Muchas personas podrían haber cometido ese homicidio, pero yo seguía creyendo en mi intuición, y ésta me decía que debía ser alguien relacionado con Miguel Tejera. O con Riveiro, o con alguien que trabajaba para él. También compartía esa lista, la señora Dora, y por supuesto, John.

Eliminé a Riveiro de mi lista de posibles asesinos.

¿Con quién seguiría? ¿Con John o con la señora Dora? ¿Qué motivo podía tener el ama de llaves de John si era la asesina?

Dejaría para más adelante la investigación sobre ella, y me centraría en John. ¿Podría Ana estar investigando sus actividades relacionadas con el mundo del narcotráfico y por eso la mató o la hizo asesinar?

El capitán me había dicho que en el mundo de las drogas no hay familia, y al parecer, John tenía grandes intereses en ese negocio.

Iría a conversar con el fiscal que me había pedido que le notificara cualquier hallazgo que pudiera ser significativo.

Al día siguiente fui a la oficina del fiscal general, y tras una larga espera me recibió. No se acordó de mí al verme. Sólo cuando le di mi tarjeta personal, y al leer en ella que era un detective, lo hizo.

—Detective Alex Burg, ahora lo recuerdo, espero que disculpe mi olvido, por aquí pasa mucha gente, y no tengo buena memoria para recordar rostros.

—No se preocupe, lo entiendo, fiscal —dije.

—¿Qué lo trae por aquí, detective? Ustedes siempre quieren resolver solos los casos de sus clientes por su cuenta, dejándonos de lado, y cuando se ven en apuros recurren a nosotros.

—Puede ser, fiscal, pero el caso que estoy llevando también le concierne a usted.

—Estamos llevando a cabo nuestra propia investigación sobre el crimen de nuestra colega, la fiscal Ana Biderman. Comprenderá que el trabajo que tenemos es abrumador, aunque tratamos de hacer lo mejor, y lo más pronto posible. ¿Tiene alguna novedad que pueda aportar a nuestra pesquisa detective?

—Estoy siguiendo varias pistas, fiscal. Sé que el principal sospechoso para esta institución es mi cliente, el señor John Louis, y es sobre él que quiero preguntarle algo.

—Tiene usted razón, tenemos unos cuantos sospechosos, pero su cliente es el principal hasta el momento.

—El señor Louis es un amigo desde los años en que fuimos juntos al colegio, lo aprecio mucho en lo personal. Y aunque estoy en conocimiento superficialmente de las actividades que él y su padre tenían fuera de la política, estoy en la búsqueda del verdadero culpable de este crimen al igual que usted, señor fiscal, aunque sea mi cliente quien lo haya hecho, pero hasta que no se demuestre eso, para mí es inocente.

—¿Qué es lo que desea saber entonces, detective?

—Mi pregunta es la siguiente: ¿Estaba la fiscal Biderman llevando una investigación privada sobre las actividades de John a sus espaldas?

—Si hubiera trabajado con nosotros desde el principio, habría sabido que estábamos indagando eso, pero la fiscal Biderman nunca lo investigó, o al menos, no tenemos conocimiento de ello. El señor Louis es una persona muy importante en la política de este país, e intocable por el momento. Aparentemente la relación que tenían era muy buena. Pero nunca se sabe. Puede parecer una cosa para todos, aunque entre ellos hubiera sido un infierno.

—Esta es solamente una suposición mía. ¿Podría ser que ella lo estaba investigando en secreto, y cuando John lo descubrió, la mató o la hizo asesinar? Pero que conste que es sólo una hipótesis muy personal —dije.

—No sería descabellado pensar que eso podría haber ocurrido conociendo los antecedentes de su cliente. Pero no existe en sus archivos ninguna causa abierta contra él.

—Le agradezco su tiempo, fiscal, y espero que esta visita no haya sido una molestia.

—En absoluto, detective, es parte de nuestro trabajo colaborar con los ciudadanos.

Me retiré desilusionado de mi reunión con el fiscal, no saqué nada en claro.

Mis pensamientos se volvieron hacia Miguel Tejera, Riveiro y la señora Dora.

Esa noche recibí una llamada de John, diciéndome que deseaba conocer cómo iba la investigación, pues quería hacer un viaje en poco tiempo más, y debía finiquitar todo lo que tenía pendiente para obtener un permiso y poder salir del país.

Le dije que estaba realizando la mejor investigación posible para dejar limpio su nombre en la justicia, y me pidió que me reuniera con él al día siguiente por la tarde.

Esa noche dormí de a ratos, pensando constantemente en la señora Dora. ¿Podría ella, a petición de su hermano, haber asesinado a Ana? No era descabellado pensar que ella pudiera deshacerse de una persona que podía llegar a molestar mucho a John.

Me pasé toda la mañana mirando el video que me había dado la señora Alice, buscando los horarios en que el ama de llaves entró y salió del edificio el día del crimen, y los iba cotejando con la grabación que me había dado John.

Por lo que pude ver, la señora Dora entró en el edificio a las nueve de la mañana para empezar su jornada de trabajo el día anterior al asesinato, y aún no había salido cuando decidí salir a refrescarme unas horas.

Se me antojó invitar a la señorita Dolly a tomar un café a la salida de su trabajo, y de paso, averiguar lo que pudiera sobre la señora Dora.

Estaba de buen humor, pues al verme tocar el timbre, me hizo pasar y me preguntó si venía a ver a John.

Le dije que mi intención era invitarla un café, y me preguntó si podía esperarla media hora.

Esta vez me pidió que eligiera el lugar para ir, y nos reímos mucho recordando la vez que fuimos a almorzar y ella eligió un restaurante de lujo.

Me contó que estaba intentando rehacer su vida sola, después de terminar una relación muy tóxica con un hombre que la maltrataba, que le había hecho perder un bebé cuando llevaba un embarazo de tres meses, e incluso le hizo perder un buen trabajo que tenía.

Por mi parte, le conté mi historia, y acabamos yendo a cenar a mi departamento después de llamar a John para comunicarle que debido a un contratiempo no podría ir a verle.

Ella cocinó unas hamburguesas, y con un par de cervezas nos sentamos en mi cama a ver la televisión y a conversar. No quise hablar de John, ni de la señora Dora, ni de Riveiro, ni de las grabaciones, para no estropear el hermoso momento que estábamos viviendo.

Llegó un momento en que no supimos qué más decir, nos miramos a los ojos, la atraje suavemente y la puse encima de mí. Empezamos a besarnos, a desnudarnos, y acaricié cada parte de su hermoso cuerpo como nunca lo había hecho con ninguna mujer. Me pidió que fuera muy cariñoso con ella, ya que había estado con una persona violenta que la maltrataba incluso haciendo el amor. Me dejó hacer con su cuerpo lo que quería, viendo y sintiendo cómo la trataba. Me sorprendí por la forma en que ella me devolvía con mucha ternura las caricias que le daba. Nunca me había sentido tan bien con una mujer.

Se quedó a dormir, volvimos a hacer el amor por la mañana bien temprano cuando se levantó para ir a su trabajo, dejando un gran vacío en mi cama, justo cuando me estaba acostumbrando a dormir solo.

Después de darme un baño y desayunar, me dispuse a seguir viendo la continuación del video.

Me pasé todo el día sentado en mi escritorio, y me encontré con la sorpresa de que la señora Dora no se había retirado del departamento de John el día de la fiesta, y que recién salió del edificio a las dos de la tarde del día siguiente.

El círculo se estaba cerrando.

La seguiría hasta su casa para averiguar sus movimientos cuando saliera del departamento de John, luego iría junto al capitán para ver si en los archivos policiales figuraban otros antecedentes de ella, y averiguar más sobre su pasado.

A la noche, dos preguntas me rondaban la cabeza, y deduje dos posibles teorías.

La primera, que John no estuviera implicado. Que la señora Dora le hubiera engañado diciéndole que iría a su casa, y sin que él se diera cuenta esconderse en una de las habitaciones hasta el día siguiente, donde cometió el crimen sin que John se percatara de su presencia.

La segunda, que John formara parte de ese complot, y tras asegurarse de que la señora Dora lanzó a Ana al vacío, volver a salir del edificio para dirigirse de nuevo a la agencia de viajes.

A la hora en que la señora Dora abandonaba el departamento de John me instalé en el frente, y cuando la vi salir, la seguí hasta la parada de autobús, donde, tras esperar un corto tiempo, subió a uno. Me apresuré a llegar a mi vehículo y seguí el autobús, verificando a las personas que descendían en cada parada.

Tras media hora de viaje, se bajó en una parada situada en un lugar despoblado. Dejé el coche estacionado y la seguí caminando. Mientras se dirigía a su casa, la señora Dora miraba a todos lados, seguramente para verificar que nadie la estuviera siguiendo. Siguió unos quinientos metros aproximadamente, subiendo por un camino empinado y entró en la primera casa. Volví a mi vehículo y me estacioné cerca de su casa esperando a que empezara a oscurecer para acercarme y mirar a través de las ventanas sin que se dieran cuenta de mi presencia.

En cuanto oscureció, me acerqué hasta donde pude a una de las ventanas de la casa, desde la cual no vi nada. Entonces me dirigí hacia la parte de atrás, donde tras saltar un muro no muy alto, pude acceder al patio, y grande fue mi sorpresa al ver a través de la ventana, a la señora Dora sentada en la misma mesa donde estaba Lyndomar Riveiro. ¡La señora Dora era una caja de sorpresas!

No necesitaba ver nada más por el momento. De allí fui al departamento de policía para hablar con el capitán, pero ya se había ido y no volvería hasta el día siguiente.

Llegué a mi departamento cansado. Me di cuenta de que echaba de menos a Dolly. Quería llamarla por teléfono. Pero decidí no hacerlo. Creo que estaba enamorándome de nuevo.

A la mañana siguiente, bien temprano, fui a ver al capitán. Le conté todo lo que había averiguado sobre la señora Dora, le dije que al parecer vivía con Riveiro, y juntos indagamos sus antecedentes. Tuvimos que buscar en las carpetas, ya que su expediente no estaba informatizado.

El capitán me dejó solo, para que pudiera leer con tranquilidad el expediente de la señora Dora mientras él seguía con su trabajo.

Ella había sido abandonada por sus padres siendo una niña, viviendo en hogares de caridad y reformatorios, para luego en la adolescencia convertirse en una delincuente juvenil, llegando a cometer varios robos como parte de una banda delictiva.

En uno de esos atracos se produjo un crimen, y toda la banda fue enviada a la cárcel por varios años. Cuando salió de prisión intentó rehacer su vida, formando parte de un circo que recorría varios países, con el seudónimo de «Lady Hércules».

Unos años más tarde se unió a la banda de Miguel Tejera, su hermano, y luego nada más se supo de ella hasta que apareció trabajando para el señor Louis padre.

Y hoy, trabajando para John Louis. La señora Dora tuvo una vida muy difícil aparentemente.

Dejé la carpeta sobre la mesa, dirigiéndome al despacho del capitán, y antes de despedirme le pregunté si podría conseguir una orden de arresto contra la señora Dora Tejera para llevarla ante un fiscal, y así, obtener una declaración, reconociendo que había pasado veintinueve horas dentro del departamento de John.

Estaba a punto de asegurar que la señora Dora fue la que asesinó a la fiscal Biderman.

Me dijo que llamaría al juez de turno, a quien conocía, para que le prepare la orden arresto.

Al otro día me desperté con mucha ansiedad, estaba por cerrar el caso del crimen de la fiscal Ana Biderman. Antes de salir llamé por teléfono al capitán para preguntarle si había podido conseguir la orden del juez.

Me dijo que estaría en su despacho en dos horas como máximo. Lo mismo fui hasta la jefatura de policía a esperarlo.

Llegó exhausto en compañía de tres agentes y dos hombres esposados.

Me dijo que habían llevado a cabo un procedimiento policial contra unos peligrosos narcotraficantes.

—Capitán, necesito esa orden de arresto para detener a la señora Dora Tejera y hacerla declarar ante usted y un fiscal, como sospechosa de haber asesinado a la señora Ana Biderman.

—¿Estás seguro Alex? Es una acusación muy grave la que vas a hacer.

—Capitán, tengo la grabación de la cámara frente al edificio donde vive John, y allí se la ve entrando a la señora Dora Tejera a las nueve de la mañana al edificio, saliendo recién al día siguiente a las dos de la tarde. Ella estaba dentro del departamento de la Fiscal Ana Biderman a la hora en que fue asesinada, y mintió en su declaración.

—Espérame unos minutos, llamaré al juez.

Unos minutos más tarde salimos con el capitán en el coche patrulla rumbo al juzgado para recoger la orden del juez y poder ir a detener a la señora Dora. Ella aún estaría trabajando en lo de John.

Llegamos al mediodía, llamé al timbre del departamento de John. Contestó una voz de mujer. La señora Dora, y preguntó por el intercomunicador quién era. Me hice anunciar, y ella me abrió la puerta de entrada del edificio. Al pasar por la recepción corriendo con el capitán y otro agente camino del ascensor, Dolly me saludó. La saludé con un ademán de mano. Todos los presentes en el vestíbulo se volvieron sorprendidos por la presencia de los dos uniformados.

Subimos al vigésimo quinto piso. John fue quien nos abrió la puerta. La expresión de su rostro cuando vio a los dos agentes con sus uniformes detrás de mí lo dijo todo. Pensó que veníamos por él.

El capitán fue el primero en pasar, prácticamente atropellándonos a John y a mí.

—¿La señora Dora Tejera? —preguntó a John con un tono muy firme.

Nos miramos con John. Desde donde yo estaba pude ver al ama de llaves, que al escuchar su nombre se acercó a nosotros.

—Yo soy —dijo ella, también asustada al ver a los dos uniformados.

—Debe acompañarnos, está detenida, acusada del crimen de la señora Ana Biderman, tiene derecho a guardar silencio, cualquier cosa que diga podrá ser utilizada en su contra en un juicio, puede contar con un abogado —le pusieron las esposas y se la llevaron antes de que nadie pudiera decir nada.

—Volveré esta noche para hablar —le dije a John, y acompañé a los policías.

Toda la gente de la recepción, incluida Dolly, quedaron sorprendidas al vernos acompañados por la señora Dora que iba con las esposas puestas. Le indiqué a Dolly con un gesto, que la llamaría por teléfono.

El capitán condujo el coche patrulla, y yo me senté en el asiento delantero. En la parte trasera, el otro oficial se sentó junto a la señora Dora. El regreso fue bajo un silencio sepulcral.

Nos dirigimos a la fiscalía. Allí, descendimos del coche patrulla y nos hicieron pasar de forma urgente al despacho del fiscal general. Una vez dentro, el capitán le explicó al fiscal que la señora Dora Tejera iba a prestar declaración por el caso que se le acusaba.

Homicidio con alevosía.

La señora Dora solicitó la presencia de un abogado que la representara para realizar su declaración.

Al principio se mostró arrogante e inflexible, pero a medida que transcurría el tiempo, mientras esperábamos al abogado que había solicitado, empezó a ceder y a mostrarse débil, parecía que todo el peso de lo que había hecho en el pasado empezaba a doblegarla.

Cuando llegó el abogado que la representaría, solicitó un tiempo a solas con la acusada.

Fuera de la sala de interrogatorios, el fiscal me preguntó en qué basaba mi acusación contra la señora Dora Tejera.

—Señor fiscal, usted tiene una grabación donde se ve al asesino arrojar desde la terraza del departamento del señor Louis a la señora Ana Biderman. También tiene las grabaciones de las tres cámaras del edificio. Pero no se ha dado cuenta de que una de esas grabaciones fue editada para que no apareciera en ella el señor Lyndomar Riveiro, socio del narcotraficante encarcelado Miguel Tejera y conviviendo con la señora Dora Tejera, ama de llaves del señor Louis, quien estuvo veintinueve horas continuadas dentro del departamento el día del crimen. Incluso, en el momento del asesinato ella estuvo dentro del departamento y nunca contó a nadie eso —dije al fiscal.

—Usted debería haber compartido esa información con nosotros, detective —dijo el fiscal.

—Fiscal, no quise sacar conclusiones precipitadas hasta estar absolutamente seguro de que la señora Dora pasó toda la noche escondida dentro del departamento donde estaba la señora Ana Biderman. Además, ustedes siempre están con mucho trabajo y no disponen de todo el tiempo para dedicarse a la investigación exclusividad de un caso, y cuando estuve seguro de ello informé al capitán de policía que realizó las gestiones para que la acusada esté aquí ahora —respondí.

—¿Sabe quién fue la persona que editó el video? —preguntó el fiscal.

—Aún no lo sé, fiscal.

En ese momento se abrió la puerta de la sala donde estaban el abogado y la señora Dora. Todos entramos.

La mujer se secó algunas lágrimas con la mano, y su abogado le pasó un pañuelo. El fiscal encendió una videograbadora, y se sentó frente a la acusada.

—Señora Tejera, ¿es usted el ama de llaves del señor John Louis? —preguntó el fiscal.

—Sí —respondió ella secamente.

—El día anterior al crimen de la señora Ana Biderman, ¿fue usted a trabajar?

—Sí.

—¿Es cierto que permaneció dentro del departamento del señor Louis durante veintinueve horas sin salir? Hay un video en donde se la ve entrar a las nueve de la mañana y salir recién al día siguiente. Es mejor que diga la verdad.

—Sí.

—¿La señora Biderman o el señor Louis sabían de su presencia en el departamento durante todo ese tiempo?

Dudó unos segundos en responder. Yo esperaba que la respuesta fuera afirmativa.

—No —respondió al fiscal.

Mi mirada iba de la señora Dora a su abogado y de éste al fiscal que hacía las preguntas. Un ambiente tenso rodeaba a todos. El capitán estaba muy nervioso y se notaba que quería hacer algunas preguntas. El abogado estaba a punto de hablar, seguramente quería ver la grabación en la que aparecía la señora Dora, pero permaneció en silencio. Yo solamente me limité a escucharles.

—¿Usted arrojó a la señora Biderman al vacío, mientras ella realizaba sus ejercicios de yoga en la terraza?

—¡Objeción señor fiscal! —saltó de su silla el abogado gritando—. No puede acusar a mi cliente sin mostrarle antes las pruebas de lo que se le acusa.

En ese momento la señora Dora estalló en llanto, y entre sollozos dijo.

—¡No quise hacerlo! ¡No quise hacerlo! —y continuó repitiendo lo mismo varias veces, seguido de—. ¡Me obligaron a hacerlo! ¡Me obligaron a hacerlo!

Hasta que su abogado se acercó a ella e intentó tranquilizarla diciéndole que no dijera nada más.

El fiscal quiso continuar el interrogatorio, pero el abogado se opuso tenazmente, objetando que su cliente no estaba en condiciones de seguir respondiendo a sus preguntas.

El fiscal dijo al abogado que su cliente iba a quedar detenida y trasladada a una prisión de mujeres, hasta tanto un juez decidiera la fecha del juicio.

Esa misma noche fui a visitar a John. Le conté durante una hora toda mi investigación, y le pregunté quién podía haber editado el video para que no se sospechara de Lyndomar Riveiro, y si estaba enterado de que su ama de llaves vivía con un ex convicto por tráfico de drogas.

Me dijo que no tenía ni idea de quién podría haberlo hecho, y que no se metía en la vida privada de su ama de llaves.

No quise echar más leña al fuego respecto al sentimiento de culpa que él tenía, pero tampoco quise dejar pasar la oportunidad de recordarle, que si la señora Dora no trabajara para él, tal vez su esposa seguiría viva.

No me contestó nada. Era como si no quisiera creer que la señora Dora había cometido el crimen.

Estuve a punto de preguntarle si conocía bien a Lyndomar Riveiro y qué relación tenía con él, pero se anticipó, pidiéndome que lo dejara solo, porque se sentía tan mal como el día en que murió Ana, me dijo.

No tuve más remedio que salir del departamento sin demostrarle lo enfadado que estaba.

Subí a mi vehículo y llamé a Dolly, ya que necesitaba hablar con alguien para desahogarme. A pesar de insistir varias veces, no respondió a mis llamadas. Camino a mi departamento me detuve en una tienda para comprar una botella de whisky. Esa noche me iba a emborrachar solo.

Me desperté en mitad de la noche con un terrible dolor de cabeza llorando amargamente en sueños, para colmo, no recordaba lo que había soñado y me quedé con las ganas de saber qué fue tan malo en mi sueño para haber llorado tanto. Luego pensé en Dolly. Revisé mi teléfono y vi que no respondió a mis llamadas. Tal vez yo fui solo un pasatiempo para ella, y debía olvidar lo que tuvimos.

Cerré los ojos y traté de volver a dormir.

Me esperaba otro día difícil.

Una llamada telefónica me sacó de la cama sobresaltado, y a pesar de la resaca, me levanté para contestar. Era el capitán, dándome la mala noticia de que a la señora Dora le habían concedido la libertad condicional gracias a una petición de habeas corpus presentada por su abogado ante el juez de turno. Le agradecí la información, y le dije que no podíamos hacer nada al respecto.

Después de tomar un baño y desayunar un café caliente con unas tostadas, el abogado Thomas me llamó. Me dijo que estaría en mi oficina en una hora.

La señora Dora había admitido ante el fiscal, el capitán, su abogado y ante mí, que ella había sido la persona que había arrojado a la fiscal Biderman desde la terraza, y que alguien la había obligado a hacerlo. Y por la forma en que testificó, no dudo de que haya sido así. Cuando el juez que la dejó libre viera las pruebas y escuchara su confesión ante el fiscal, ella volvería a la cárcel, mientras tanto yo me dedicaría a averiguar quién la obligó a cometer el crimen. Mi intuición me decía que el instigador del crimen debería estar entre Riveiro, Miguel Tejera o John.

El timbre de mi departamento me sacó de mis pensamientos y fui a abrirle la puerta al abogado Thomas.

Con su peculiar estilo altanero se sentó frente a mí. Me dijo que había escuchado la confesión de la señora Tejera.

También me explicó que estaba ultimando los detalles para solicitar la desvinculación total de su cliente del crimen de la fiscal.

Le dije que la investigación aún no había terminado, y eso le exasperó.

Me dijo que ni se me ocurriera insinuar que John fue el autor moral, ya que él era el más preocupado por resolver el crimen de su esposa, y que necesitaba que firmara unos documentos para cerrar el caso. Tras decirle que lo leería bien antes de firmar, dejó los documentos que estaban dentro de una carpeta sobre el escritorio, y salió dando un portazo.

Me acomodé en mi silla, y mientras leía todo el documento, recibí una nueva llamada del capitán.

Cuando terminó de hablar, di un puñetazo en el escritorio.

La señora Dora había sido asesinada a la salida de un supermercado, tras recibir cinco disparos de parte de un hombre encapuchado que iba como acompañante en una moto.

Durante un largo rato no supe cómo reaccionar. Mi mente se negaba a aceptar la noticia como cierta. Tanto esfuerzo para llegar a este punto, y ahora, de golpe, la homicida confesa era asesinada.

«¿Será que nunca podré llegar a conocer quién fue el instigador de la muerte de Ana?», me pregunté.

Abrí su red social en mi teléfono, y aunque estaba bloqueada, volví a mirar las pocas fotos que tenía en su perfil de cuando estaba viva. ¡Era una mujer muy hermosa!

Tomé mi arma y la puse en la cartuchera que estaba por mi cintura, me puse el saco, y mientras me preparaba para salir recibí una llamada. Era de Dolly. Se disculpó, diciéndome que su hermano había venido a visitarla y estaba ocupada con él. Me pidió que quedara con ella a la hora del almuerzo. Le dije que se reuniera conmigo en el lugar donde habíamos quedado la última vez que comimos juntos, y me fui para seguir una corazonada que tenía.

Subí a mi vehículo y me dirigí hasta el lugar donde había seguido a la señora Dora después de que se bajara del autobús la vez que la seguí. Fui caminando hasta donde vivía con Lyndomar Riveiro. La casa estaba situada en un barrio de clase trabajadora, donde a esa hora no se veía a nadie por las calles.

El portón de entrada no tenía candado, así que no tuve inconveniente para entrar en un jardín lleno de maleza, un caminero de piedras conducía a una puerta de madera. Golpeé varias veces con la esperanza de que Riveiro saliera, pero aparentemente no había nadie dentro. La cerradura era de las más sencillas, así que después de probar con un juego de llaves que siempre llevaba conmigo, se abrió e ingresé a una pequeña sala toda desordenada, con ropa y periódicos por el suelo.

Me di una vuelta por todo el interior y no había nadie, pero la tostadora en la cocina aún estaba tibia, señal de que no hacía mucho que alguien la estuvo usando.

Volvería por la noche. Por las buenas o por las malas conseguiría que Riveiro me dijera quién obligó a la señora Dora a cometer el crimen, y si sabía quién la había matado.

Fui hasta el centro de la ciudad para encontrarme con Dolly en el restaurante donde habíamos quedado. Todavía faltaba un rato para que llegara, así que pedí un café mientras la esperaba.

Llegó puntualmente, y me pidió que no le hablara de nada que tuviera que ver con el crimen de la esposa de John, ya que se encontraba terriblemente mal, pues su hermano le había dicho que padecía un cáncer avanzado.

Me dejó con las ganas de saber quién pudo haber editado el video del día del crimen.

Hablamos de nimiedades, y al final de la comida, cuando pedimos un café, me preguntó cuál era mi intención respecto a ella, si era algo pasajero o si quería algo serio.

Le contesté que ya no tenía edad para fingir sentimientos que no sentía, y que la había extrañado mucho en estos días.

Me dio un tierno beso en los labios, mientras tomaba mis manos entre las suyas, diciéndome que quería lo mismo.

Quedamos en encontrarnos por la noche y dormir juntos.

La acompañé al edificio donde trabajaba, y luego me fui a mi departamento.

Mientras mi nueva relación parecía marchar viento en popa, mi investigación iba cuesta abajo, pues la autora del crimen había sido asesinada, y no conseguí averiguar quién había dado la orden a la señora Dora para hacerlo.

Deduje que fue Riveiro quien la obligó, pero no sabía si la orden provino de Miguel Tejera o de John.

Decidí volver a visitar a Miguel Tejera al día siguiente en su lugar de reclusión, después de hablar con Riveiro a la noche, para preguntarle quién podría haber asesinado a su hermana.

Cuando empezaba a oscurecer volví a la casa donde vivía Riveiro. El farol prendido a la entrada, y la luz en la sala, anunciaban que tal vez estaba dentro. Me hice anunciar golpeando las palmas de las manos.

Vi una sombra acercarse a la puerta, después de unos segundos se abrió y una voz dijo.

—Detective, qué está buscando aquí. Lárguese.

—Tenemos que hablar Riveiro. Es mejor que lo hagamos aquí que en el departamento de policía.

Hubo unos instantes de silencio, palpé mi pistola para ver si la tenía a mano. Me di cuenta de que estaba temblando.

—Pase —fui caminando lentamente hasta llegar a la puerta—. Qué quiere, ya le dije todo lo que sé.

Me dejó entrar en la habitación. Nos pusimos frente a frente, separados por una mesa redonda. Sin pensarlo dos veces, desenfundé mi pistola y le apunté a la cabeza, pero él estaba preparado e hizo lo mismo. Ya estaba jugado y no podía retroceder más.

—Suelta el arma Riveiro, estás arrestado, te voy a llevar al departamento de policía.

—Puedo matarte detective, esta es mi casa y entraste sin permiso. Además, estás solo. Baja tú el arma.

El juego estaba terminando, mi dedo presionó suavemente el gatillo de mi pistola. Tal vez cometí un error al venir solo, pero ya nada se podía hacer, él era un asesino, y dispararía a la primera oportunidad que tuviera. Intentaría entretenerle hablando.

—Tú obligaste a la señora Dora a asesinar a la Fiscal Biderman.

—No hay nada que pueda probar eso.

—Dime por qué lo hiciste. ¿Te pagó John para que lo hicieras?

—Qué importa ahora quién lo hizo, ya saben que ella cometió el crimen. Ya tienen a la asesina, sólo que está muerta, y no podrá decirles nada más. El juego se acabó, detective.

—Dime quién ordenó a la señora Dora cometer el crimen o dispararé Riveiro, este juego aún no ha terminado. ¿Fue John? ¿O fue Miguel Tejera quien ordenó su muerte desde la cárcel para vengarse por haberle enviado a prisión?

—¿Por qué iba a hacerlo John Louis, si él estuvo involucrado en un delito por tráfico de drogas y ella lo salvó de ir a la cárcel después de casarse? Él era el más interesado en que ella siguiera con vida. Hay muchas cosas que no conoces de él, detective. Y nunca lo sabrás si no arrojas tu pistola al suelo para que yo pueda salir de aquí.

Su respiración forzada y su mirada enloquecida me decían que iba a dispararme en cualquier momento, así que le ordené gritando.

—No volveré a repetir Riveiro, arroja tu arma al suelo ahora mismo y levanta las manos.

No pude decir más. Sentí un golpe terrible bajo mi hombro izquierdo, y al instante el sonido del disparo, al mismo tiempo que mi instinto me hacía disparar en la dirección en que apuntaba a Riveiro. Lo vi girar hacia un lado alcanzado por el proyectil de mi pistola, y volvía a dispararme de nuevo. Mi brazo sintió el segundo impacto y volví a disparar al cuerpo. Al parecer, recibió el impacto de mi segundo disparo, porque se dio la vuelta gritando de dolor y salió corriendo. Trastabillando llegué hasta la puerta, sujetándome por la mesa redonda, y cuando Riveiro cruzó el portón que daba a la calle volví a dispararle por la espalda. No iba a dejar que huyera de nuevo. Caí de rodillas al suelo mientras veía a Riveiro alejarse tambaleándose. Lo último que vi al ir desvaneciéndome, fue a él de rodillas arrastrándose, intentando huir.

Abrí los ojos muy lentamente. Vi el techo blanco. Me sentía tan fatigado como si hubiera dormido varios días seguidos y muy débil. No recordaba nada, parecía que estaba en un sueño, oía sonidos lejanos que no podía distinguir de dónde venían, mis ojos se cerraron por el cansancio, y me volví a dormir.

Al despertar de nuevo, me sentí más cansado que nunca, recordé que antes me había despertado de la misma manera, pero no sabía cuándo, si hacía unas horas o varios días. El techo era el mismo, de un blanco inmaculado, pero esta vez el silencio era total. Cuando abrí bien los ojos noté que la luz no me llegaba directamente, y cuando giré la cabeza hacia un lado me di cuenta de que no podía hacerlo. Intenté mover las manos y tampoco pude hacerlo, al igual que los pies.

Estaba totalmente inmovilizado. Intenté recordar si había ocurrido algo para que esté en esta situación, y poco a poco fueron llegando los recuerdos.

Primero vino a mi mente Riveiro, luego los disparos, la sangre que vi en él y en mi camisa. Me ví a mí mismo arrastrándome por el suelo, y caer de rodillas al hombre que me disparó. De repente me asusté y di un grito, como si despertara de una pesadilla.

Luego apareció Dolly en mis pensamientos, y recordé la cita que había concertado con ella para vernos y pasar juntos la noche, y la angustia se apoderó de mí.

Empecé a jadear, mi respiración se volvió agitada, parecía que me iba a asfixiar.

Una enfermera que probablemente había escuchado mis gritos se acercó a mí, colocándome un respirador artificial al ver que respiraba con dificultad. Estuvo unos tres minutos controlándome para posteriormente retirar el aparato que me había puesto al ver que respiraba mejor, y cuando se marchaba le pregunté.

—¿Qué le pasó a Riveiro?

Me miró como si estuviera loco, hizo un gesto con el rostro, y dijo.

—No conozco a nadie con ese nombre en este hospital.

—¿Y Dolly? ¿Qué se hizo de ella?

—¿Seguro que se siente bien? ¿O quiere un sedante para volver a dormir?

—No quiero volver a dormir, quiero saber qué pasó con Dolly y Riveiro —dije en voz alta muy molesto.

—No se ponga nervioso, no debe alterarse, cuando el médico de guardia venga a revisarlo puede hacerle todas las preguntas que quiera, yo sólo soy una enfermera.

Eran tantas las preguntas que quería hacer, y a pesar de mi cansancio, el sueño había cedido para dar paso a la preocupación.

¿Qué pasó con Riveiro?

¿Y Dolly?

¿Y el capitán?

Debería esperar al médico de guardia para pedirle que llamara al capitán, pero no me sabía su número de memoria y tampoco podía moverme. Estaba por enloquecer. Tenía mil preguntas que hacer.

Al cabo de unas horas vino a verme un médico, me tomó la presión y me preguntó cómo me sentía, si tenía algún dolor, y si había recuperado todos mis sentidos, ya que aún estaba bajo los efectos de la anestesia.

—Doctor, antes que nada necesito que llame al capitán de la policía y le diga que tengo que hablar con él en la brevedad posible, su número se encuentra en mi teléfono.

No me prestó mucha atención, su miraba pasó de los informes que tenía en una carpeta en sus manos a mí. Controló mi temperatura, miró el color de la orina, y dijo.

—Señor Alex Burg, aparentemente estuvo en medio de un tiroteo. Le dispararon dos veces, y por un milagro una de ellas no le atravesó el corazón. Debe estar contento de estar con vida. Tuvimos mucho trabajo en su operación, y no queremos perderlo, así que debe tranquilizarse, nada de alterarse por nimiedades. Si se comporta bien y su cuerpo responde a los medicamentos, saldrá en un par de días. Mañana vamos a sacar todo lo que le mantiene inmovilizado. Por ahora no puede hacer nada más que dormir y descansar. Las visitas están permitidas hasta las ocho de la noche —se estaba retirando y de repente pareció recordar algo, dio media vuelta y volvió—. Su amigo el capitán me ha dicho que mañana va a visitarlo, y una mujer muy hermosa estuvo preguntando por usted. Tal vez mañana venga a verlo. Me retiro, cualquier cosa que necesite, tiene ese timbre a su lado.

Aunque no tenía sueño, cerré los ojos intentando que llegara el sueño reparador lo antes posible. Sólo quería que los días pasaran lo más pronto para poder volver a mi departamento y ver a Dolly. Mañana sería otro día, y quizás la volvería a ver.

Los rayos del sol iluminaban toda la habitación cuando me desperté. Empecé a sentir mucho dolor en el brazo izquierdo y en la parte superior del tórax. Una enfermera vino a verme, y le conté lo que sentía. Me dijo que esos dolores eran normales, aunque disminuirían a medida que los medicamentos que me habían administrado empezaran a hacer efecto. Antes de proceder a la limpieza de mis heridas, me sacaron las tablillas y las correas que me impedían moverme, y así pude ver que estaba en una gran habitación compartida con otras personas que también guardaban reposo, aunque estábamos separados por cortinas unos de otros.

Después de que una enfermera me aseara, escuché que dejaron pasar a una persona que venía a visitarme. Era el capitán.

—Hola Alex, ¿cómo te sientes? —dijo.

—Ahora mismo con dolores, Capitán. Gracias por venir. ¿Qué pasó con Riveiro? —pregunté.

—Murió. Perdimos otro testigo clave. ¿No pudiste cazarlo vivo?

—Nos estábamos apuntando el uno al otro. Él disparó primero y respondí al instante para que no escapara.

—Pero recibió una herida mortal en la espalda.

—No pensé en otra cosa en ese momento que en disparar para que no huyera. Lo íbamos a perder si lograba escapar.

—Ese disparo en la espalda podría meterte en muchos problemas, Alex. Pero ya he hablado con el fiscal. Como no tiene familiares cercanos ni parientes conocidos, hicimos figurar que sólo le disparaste dos veces y murió.

—Gracias capitán.

—¿No has podido conseguir alguna información sobre quién podría ser el autor intelectual del crimen de la señora Ana?

—Le pregunté a Riveiro si era John, y me dijo que no era posible, pues Ana lo había salvado de ir a la cárcel en una oportunidad cuando él estuvo involucrado en un caso de narcotráfico, y que John era el más interesado en que no le pasara nada. Entonces le pregunté si fue Miguel Tejera en venganza por haberle enviado a prisión, y antes de contestarme, me disparó. Luego ya sabe cómo termina la historia.

—Al parecer, el fiscal va a cerrar el caso como un crimen por venganza, pero no imputará a Tejera, por falta de pruebas.

—Creo que John es inocente, capitán.

—Prefiero no dar mi opinión, ya que el fiscal está muy presionado por el abogado de John para cerrar el caso. Ese abogado tiene importantes contactos entre los jueces.

—Si es así, nuestro trabajo está terminado.

—Pasaré en limpio mi informe después de que firmes tu declaración Alex.

—De acuerdo, capitán. Gracias de nuevo.

Me quedé solo, pensando en todo lo que me pasó.

Por la tarde, Dolly vino a verme. Trajo un ramo de flores y lo colocó en un jarrón sobre una mesita, diciéndome que en ese gran salón faltaba el toque femenino.

Me dejó muy ilusionado al decirme que se había quedado muy preocupada por lo que me había pasado, y que me extrañaba. No viendo la hora de que volviera junto a ella. Se despidió dándome un beso en los labios.

Unos días más tarde abandoné el hospital. Tenía el brazo izquierdo y parte del pecho enyesado y vendado, y a pesar de ser muy molesto, no tuve más remedio que acostumbrarme a estar así. La primera visita que recibí en mi departamento fue la del abogado Thomas, que vino a buscar los documentos que me había dejado antes de ser hospitalizado.

—Siento mucho que esto termine así para usted, detective. Pero el beneficio económico que recibirá, seguramente compensará en algo las molestias por las que está pasando. Le agradezco mucho que haya encontrado al criminal y al ideólogo del crimen, pero comprenderá que necesito urgentemente esos documentados firmados por usted para cerrar el caso ante el fiscal y el juez que lleva este caso, y para limpiar el nombre de mi cliente, ya que es totalmente inocente.

—Está bien abogado, ya los leí con mayor tranquilidad, y aunque hay algunas lagunas allí con las que no estoy completamente de acuerdo, lo firmé igual.

—Gracias detective, ahora iré a levantar la prisión domiciliaria de mi cliente, para que pueda recuperar todos sus derechos como un buen ciudadano.

Le pasé la carpeta. La revisó minuciosamente, me estrechó la mano, y al despedirse, dejó un periódico sobre mi escritorio para que lo leyera.

En primera plana, en el editorial, el periodista que escribió, decía que gracias al buen trabajo de la policía y de la fiscalía, se había resuelto el caso de la fiscal Ana Biderman, pero en ninguna parte aparecía mi nombre. Debería ir acostumbrándome a pasar desapercibido para la gente.

Recibí un mensaje de texto de John, en el que me decía que podía pasar por la recepción del edificio para recoger un sobre con la parte del pago que faltaba, más un cargo adicional por los gastos que pude haber tenido en el hospital, y agradeciéndome por el exitoso resultado de mi investigación.

Le di las gracias y le deseé un buen día. En ese instante recibí una notificación en mi teléfono, para aceptar la amistad de Dolly en una red social, y entré en su perfil para ver más sobre ella tras aceptar la solicitud que me había enviado.

Dolly era una mujer encantadora, además de ser muy hermosa, y me estaba enamorando de ella. Sus fotos en la playa eran realmente muy bonitas, muchas en bikinis muy provocativos, y en una de ellas algo me llamó la atención. Volví a mirar con más detenimiento y amplié las que me interesaban. Una alarma se encendió en mi cerebro después de ver las fechas en que se subieron a su red social. En ese instante, alguien hizo sonar el timbre de mi departamento, fui a ver quién era. El capitán me estrechó la mano y me pidió que le acompañara a la fiscalía, para hacer nuestras últimas declaraciones ante el fiscal, y así cerrar el caso de la muerte de la señora Ana Biderman a petición del abogado de John.

El fiscal ya nos estaba esperando y nos entregó a cada uno una copia del expediente final para que lo leyéramos y firmáramos si estábamos de acuerdo.

—Detective Burg, hemos omitido la parte en la que usted disparó a Riveiro por la espalda, que fue lo que le causó la muerte. Como era un delincuente, y no tenía familiares conocidos, pudimos hacerlo. Pero eso le podría haber costado a usted varios años en prisión. Cuídese mucho la próxima vez —dijo.

—Gracias, señor fiscal, lo tendré en cuenta —dije.

Firmamos y nos despedimos del fiscal. Le pregunté al capitán si podía dejarme en el edificio donde vivía John. Debía retirar el cheque

que me había dejado en la recepción. Tampoco me olvidaba de las fotos que había visto en el perfil de Dolly, y necesitaba urgentemente aclarar algunos datos con ella.

Me bajé del coche patrulla y fui hasta la puerta de vidrio del edificio, esperé unos segundos a que alguien entrara o saliera antes de que se cerrara de nuevo. No pasó ni un minuto antes de que alguien saliera por la puerta, y aproveché para ingresar a la recepción. Vi a Dolly ocupada con la gente, pero mis nervios estaban a punto de jugarme una mala pasada. Volvió el dolor en mi brazo, mas no le presté atención. Dolly me vio, dejó de atender a las personas a las cuales las estaba atendiendo para venir amablemente a ver lo que deseaba, ya que estaba enyesado y con vendas y nadie iba a quejarse con ella por eso.

—Me has mentido —dije.

Se quedó paralizada y sorprendida.

—¿Qué te pasa Alex? —respondió—. Me estás acusando de nuevo.

—No te estoy acusando de nada, sólo he dicho que me has mentido —dije muy nervioso.

—Nunca te he mentido, no puedes venir a ofenderme así.

Saqué mi teléfono, abrí su perfil en la red social y le mostré las fotos.

—Me habías dicho que no conocías a Ana, y que nunca habías hablado con ella más que al pasar por la recepción, y aquí tienes fotos con ella en la playa y en bares divirtiéndose juntas.

—¿Dónde está la mentira? ¿No puedo salir más y divertirme con mis amigas?

—Aquí estás con Ana, la fiscal que fue asesinada, la ex esposa de John. Era tu amiga y no me dijiste —respondí muy ofuscado.

—¿Por qué no te tomas la molestia de leer los nombres de esas mujeres que están bajo las fotos?

Leí los nombres de las personas que aparecían en las fotos, solo para poder sacarle en cara su mentira, pero en ningún sitio aparecía el nombre de Ana.

—Eso no significa nada. Aunque no aparezca su nombre, estás con ella en estas fotos.

En el mostrador la esperaban varias personas. Se dio la vuelta dirigiéndose allí, tomó un sobre de uno de los cajones y volvió hacia mí.

—Esto me dejó el señor John para ti, y me dijo que te dé las gracias en su nombre —dijo Dolly muy enfadada, volviendo tras el mostrador a seguir atendiendo a la gente.

Me dirigí a los ascensores, subí al piso veinticinco, e hice sonar el timbre en el departamento de John. Nadie me atendió. Insistí varias veces, pero aparentemente no estaba allí.

Volví junto a Dolly al mostrador, y le pregunté si no había visto a John.

Las personas que estaban esperando para hablar con ella me dirigieron sin disimulo miradas maliciosas.

—El señor John salió de viaje y no me dijo cuándo va a volver.

—¿Cuánto hace que se fue?

Algunas personas empezaron a quejarse y a pedirme que formara la fila.

—Hace más de una hora —dijo Dolly y se metió de lleno en su trabajo.

—Volveré, espérame, tenemos mucho que hablar —grité, mientras salía corriendo a la calle en busca de un taxi.

Hice señas al primero que pasó por delante de mí, y se detuvo.

—Al aeropuerto, urgente — le dije al taxista.

El coche salió con las ruedas chirriando, pasando a todos los vehículos, y en menos de media hora llegamos. Pagué el costo e ingresé corriendo hasta donde los pasajeros esperaban el llamado para entrar a la sala de embarque antes de subir al avión. Busqué por todos lados a John, más no lo pude ubicar.

Fui a preguntar a uno de los guardias por el avión con destino a Grecia, recordando lo que me había dicho la secretaria de la agencia de viajes cuando fui a averiguar la coartada que tenía John. Me dijo que los pasajeros estaban a punto de subir al avión. Así que me dirigí a una terraza, desde la cual se podía ver a los pasajeros que se dirigían al avión.

De repente lo vi, impecablemente trajeado de la mano de una mujer yendo hacia las escalerillas del avión. Estaba con Ana, o me pareció que era ella.

—¡John, espera, debo decirte algo! —Grité lo más fuerte que pude— ¡John! ¡John! ¡John!

La distancia, más el ruido del motor del avión, le impedía oírme con claridad, y volví a gritarle que no subiera al avión.

Al parecer me había escuchado, pues se dio la vuelta mirando a su alrededor cuando escuchó su nombre, y al verme en la terraza saltando y gritando su nombre, me saludó, para luego subir al avión.

Estaba a punto de volverme loco. Ya no entendía nada de lo que estaba pasando.

La fiscal Ana Biderman había sido asesinada, pero aparecía en las fotos tomadas por Dolly, y ahora la veía con John.

Corrí hasta la zona de embarque. Un guardia me detuvo cuando quise entrar. Le dije que tenían que detener el avión, ya que tenía que hablar urgentemente con una persona que se encontraba en el interior. Me preguntó si tenía alguna orden para mostrarle, donde dijera que el avión no podía salir. Pensé en decir que podía haber un explosivo en su interior, pero eso me traería muchas complicaciones más adelante, así que terminé por resignarme, y descorazonado, me retiré cabizbajo hasta una parada de taxis, desde donde vi que el avión levantaba vuelo y se perdía entre las nubes unos minutos más tarde. Me subí a un taxi y emprendí el regreso.

Llegué hasta el edificio donde vivía John, miré a través de la puerta de cristal, viendo que Dolly aún estaba allí.

Esperé hasta que alguien entró en la recepción, e ingresé detrás. Fui a sentarme en un gran sofá, donde Dolly pudiera verme, y no tardó mucho en hacerlo. Me echó una de esas miradas que matan, y siguió ordenando lo que tenía sobre el mostrador. Luego vi que llegó su reemplazante. Ella tomó su bolso y vino directamente hacia mí.

—Tenemos que hablar, Alex —dijo.

Me levanté y la acompañé en silencio.

—¿A dónde quieres ir? —pregunté.

—¿Has traído tu coche?

—No, he venido en taxi desde el aeropuerto, además no puedo manejar —le dije.

—Vamos en el mío.

Fuimos en su vehículo hasta el muelle situado en la orilla del río, nos alejamos buscando el lugar más solitario y nos sentamos descalzos en la arena blanca de la playa. No sabía qué decir. Fue Dolly quien inició la conversación.

—Alex, voy a contarte una parte de mi vida que quiero olvidar, y luego no volveré a hablar nunca más de ella. Tal vez solo necesito desahogarme con alguien, porque nunca le he contado esto a nadie, y confío en ti.

Asentí con la cabeza, todavía no entendía qué estaba pasando, ni si lo que Dolly me iba a contar formaba parte del crimen de Ana, que era lo que me interesaba en ese momento, pero la dejé seguir.

—Cuando era apenas una niña, mi padre era un hombre con los mismos ideales de justicia que tú. Un día, se le ocurrió denunciar a la policía a una familia vecina que se dedicaba al tráfico de drogas, y unos días más tarde, mis padres eran asesinados al salir de nuestra casa. Los criminales nunca fueron capturados. Mi hermano y yo nos quedamos solos y desamparados, y nos separaron. Él se fue a vivir con unos parientes por parte de mi madre, y yo con unos parientes lejanos por parte de mi padre, para no irnos a un internado público. No supe nada más de él hasta que se hizo mayor, y yo no lo pasé nada bien ni en mi infancia ni en mi adolescencia con la familia que me asignaron. Me trataban como a una sirvienta. Cuando por fin pude conseguir un buen empleo a escondidas de ellos, hui de allí, yéndome a vivir a un departamento que compartía con una compañera de trabajo. Algún tiempo después conocí a un hombre. Al principio parecía ser una buena persona, por lo que acepté ir a vivir con él, pero después del primer año, empezó a quitarse la máscara que ocultaba a la verdadera persona que era, violento, celoso y manipulador. En ese tiempo me embaracé, y cuando estaba de tres meses, en una de sus borracheras, me golpeó, tirándome al suelo, por lo que perdí al bebé. Como tuve que reposar por varios días, también perdí mi trabajo, y como él no tenía un trabajo estable, lo pasamos mal durante mucho tiempo. Hasta que me armé de valor para volver a huir de ese departamento y de esa ciudad con el poco dinero que había ahorrado a escondidas de él. Afortunadamente, cuando llegué a esta ciudad, no tardé en conseguir un trabajo, y pude alquilar una pequeña habitación. Más eso no duró mucho, porque volví a quedarme sin trabajo. Mis vecinos eran una familia de buena posición económica, gente agradable y buena. En esa casa vivía un joven matrimonio, formado por Theresa y Daniel, sus dos hijos, y los padres de Daniel. Me ofrecí a cuidar de los niños trabajando como niñera mientras Theresa iba al trabajo, y ella quedó encantada, pues cuando iba a trabajar, los niños se quedaban conmigo, y ya no con la abuela. Los acompañaba a todas partes, a la playa, a las fiestas, a las compras, y me hice amiga de Theresa. Fue entonces cuando conocí a John, ya que él frecuentaba esa casa todos los domingos, invitado por los dueños como un amigo de la familia. Pero él ni siquiera me saludaba. Otros matrimonios frecuentaban esa casa los fines de semana. John solía conversar sólo con los hombres, poco o nada con las mujeres. Siempre fue muy educado y todo un caballero. Hasta que un día hizo un viaje, y dejó de ir a esa casa. Todos lo apreciaban mucho, y se extrañaron por su ausencia, pero incluso al volver de su viaje, no regresó más allí. Así pasaron muchos años, cinco o seis, si no recuerdo mal, y un día, cuando fui a cuidar a los niños, me sorprendió la noticia de que Theresa se había separado de Daniel, y se iba a vivir con sus padres llevándose a los niños. Nunca lo hubiera imaginado. Parecían una familia muy feliz.

Pero nunca se sabe. Theresa me tenía mucho cariño, y me pidió que al día siguiente fuera a casa de sus padres, ya que me iba a recomendar a una persona a fin de que fuera a trabajar a su edificio para que no me quedara sin trabajo. Al día siguiente fui allí, me había encariñado mucho con sus niños y ellos conmigo, y como agradecimiento, Theresa me dijo que no me iba a dejar abandonada. Fuimos al edificio, y ella pidió hablar con el propietario. El dueño bajó a la recepción donde nos recibió, y cuán grande fue mi sorpresa al ver a John.

No tuve más remedio que interrumpirla.

—¿Quiere decir que John es el dueño del edificio donde vive?

—Sí, él es el dueño, creo que lo heredó de su padre al morir.

—¿Entonces él tenía acceso a la oficina donde están las grabaciones? Nunca me contaste eso.

—Tampoco nadie me hizo esa pregunta, ni tú, ni la policía, ni el fiscal, y ya te he dicho que desde el crimen de mis padres me prometí que nunca me metería en problemas que no fueran de mi incumbencia.

—Prosigue tu relato, y discúlpame por la interrupción —dije resignado.

—Fuimos muy bien atendidas por John, y Theresa le preguntó si tenía un trabajo para mí en su edificio, después de contarle que se había separado de su esposo. En ese entonces John ya estaba casado con la señora Ana. Y él accedió al instante a su petición. Recuerdo que John le entregó su tarjeta personal a Theresa, y le dijo que estaba a su entera disposición para cualquier cosa que ella precisara, ya que él la apreciaba mucho. Luego Theresa se marchó y yo me quedé con él para que me indicara lo que debería hacer en la recepción del edificio. Todos los días, al pasar por la recepción en mi horario, John preguntaba por Theresa. Pero ya no la veía más. Un día me invitó a tomar un café al terminar mi horario de trabajo, y me dijo que necesitaba hablar conmigo. Acepté su invitación y fuimos a una cafetería. Allí me pidió que no contara a nadie la conversación que íbamos a tener, así que ya sabes, Alex, esto no debe salir de entre nosotros. ¿Me lo prometes? —no tuve más remedio que hacerlo, diciéndole que sí—. John me contó que estaba loco por Theresa, que ni él se explicaba lo que le había ocurrido con ella, y que de eso ya hacía muchos años. Me dijo que él nunca antes había hablado con ella, hasta el día en que fuimos con Theresa al edificio para hablar con él. Que todo había empezado un año después de que él dejara de ir a la casa de los suegros de ella. Que nunca se le pasó por la cabeza tener nada con ella, pero que una noche soñó con Theresa, y a lo largo de dos semanas se repitieron sueños similares en los que Theresa y él eran amantes y él la perdía. Y esos sueños fueron tan profundos, que afectaron su vida terriblemente, y a partir de ese momento, y durante varios años, no hubo un solo día en que no se pasara pensando en ella todo el día. Theresa se había convertido en una obsesión para él, hasta el punto de decirse a sí mismo que nunca llegaría a amar a otra mujer que no fuera Theresa, incluso sin haber hablado con ella, y que prefería estar solo en la vida si no podía tenerla. Él estaba seguro de que ella nunca se iba a separar de su esposo, pues ellos tenían una buena relación, o eso es lo que nos parecía a todos, y así, terminó por resignarse, pero sin dejar de amarla ni un solo día de su vida. La adoraba en silencio, y nunca se lo dijo a nadie. Hasta que después de varios años, la vida le jugó una mala pasada. En un gimnasio encontró a una mujer idéntica a Theresa, se podría decir que eran gemelas, y John vio en ella la oportunidad de reemplazarla, y así conoció a Ana. Se convenció a sí mismo de que Ana era Teresa, e intentó amarla lo mejor que pudo. La tenía como a una princesa, hasta el día en que fuimos con Theresa a solicitarle un trabajo y decirle ella que se había separado de su esposo. Eso es lo que me contó John, me dijo también que él se había arriesgado a contarme toda su obsesión por Theresa, solo porque necesitaba desahogarse con alguien y porque ella era mi amiga. Después de ese encuentro en la cafetería, ya no hablé más con John. Solo me saludaba al pasar por la recepción. No quiero que me pidas que saque alguna conclusión, Alex. No me inmiscuyo en la vida de nadie. No me interesa la vida de nadie.

Ya no volveré a hablar de este tema, creo que yo también necesitaba desahogarme con alguien, y te agradezco mucho por escucharme.

—¿Puedes llevarme a mi departamento? ¿Pasarás la noche conmigo? —pregunté a Dolly.

—Sí, llevaré para cocinar la cena y unas cervezas, y te curaré las heridas.

Llegué muy cansado y dolorido. Al marcharse Dolly, me tumbé en la cama a pensar en todo lo que había ocurrido.

Ahora todo tenía sentido, y aunque John ya no podía ser acusado ni juzgado de nuevo, Dolly y yo éramos los únicos que sabíamos que él era el autor intelectual del crimen. Hizo asesinar a su esposa, que le impedía ser feliz con la persona que realmente amaba y que podía destruirle si la abandonaba por Theresa. Me utilizó para eliminar a los autores materiales del crimen que podían testificar contra él en el futuro. Ya no importaba si llegó a un acuerdo con Miguel tejera, o con Lyndomar Riveiro para que uno de ellos se encargara de contratar a la señora Dora para asesinar a Ana, que lo único que tuvo en contra, fue parecerse mucho a Theresa. Y supongo que fue él quien editó el video para que no se le vea a Riveiro dentro del edificio. Pudo hacerlo desde su propio departamento, manipulando el equipo de grabación que se encontraba en la oficina de la recepción, y luego hacerlo desaparecer antes de que se encontrara el cuerpo de Ana. Y Mientras todos creían que se trataba de un crimen cometido contra Ana por sicarios en su lucha contra el narcotráfico, Dolly y yo, aunque ni siquiera lo mencionamos entre nosotros, sabíamos que sólo fue un crimen pasional, y a pesar de que no tenía a nadie con quien desahogarme, en mi cuenta tenía depositada una pequeña fortuna que la disfrutaría con Dolly.

Por la noche, me emborracharía con ella y haríamos el amor para ir olvidando este tenebroso crimen, y mañana iría a depositar unas flores en la tumba de Ana.

FIN